改訂版 「絶対基礎力」をつける勉強法

和田式合格カリキュラム

緑鐵受験指導ゼミナール・精神科医
和田秀樹

瀬谷出版

はじめに

●「基礎力」に振り回されている受験生たちへ

　勉強にいきづまった受験生が、「基礎からもう一度やり直そう！」と決意する。これはとてもいいことだ。だが、その決意をいざ実行に移そうとすると、「何から手をつければいいのか」がわからず途方に暮れる……。

　もっとも、「基礎力が足りない」という自覚がある人はまだマシだ。多くの受験生は、基礎力不足に気づかないまま、いきなり入試レベルの勉強をやろうとして、結局、時間と労力をムダにしてしまう……。

●定期テストや模試でもすぐに結果が出せる！

　なぜこんなことが起きるのかというと、「基礎力とは何か」という根本的なことが、受験の世界ではずっとアイマイにされてきたからだ。そこでこの本ではまず、「基礎力」の内容を明確に定めた。そうすると、霧が晴れたかのように「何をどうすればいいのか」がハッキリと見えてくる。

　やるべきことさえわかれば、あとは簡単な話だ。この本で示す「絶対基礎力」を着実にかためるための、具体的かつだれにでも実践できる勉強法を、手取り足取り伝えていきたい。「定期テストはパッとしない、模試では偏差値50の壁をなかなか超えられない」……。そんなキミが真っ先に取り組むべきことを凝縮して詰め込んだ。あとはやる気のみ！　やる気さえあれば短期間で結果を出せると確信する。

　なお、この本を書くにあたって、緑鐵受験指導ゼミナールの東大生講師・近藤精一郎氏には、プロットづくりの段階から参加してもらい、数々の貴重なアドバイスをいただいた。この場をお借りして深く感謝したい。

和田秀樹

＊本書「改訂版」は、多くの読者からの貴重なご意見・ご要望をふまえてリニューアルしたものです。旧版のコンセプトを踏襲しつつ、「よりスムーズに、より確実に基礎力をかためる」ことに眼目を置いて、参考書のラインナップの見直しと改編を行いました。

目次　　　　　　　　　　　　　　　　　　　　　CONTENTS

プロローグ　受験に勝つ「絶対基礎力」とは？　　　7

1章　和田式「絶対基礎力」強化プラン　　15

"自分が戻るべき地点"がわかれば、あとは一直線！　　16
和田式《絶対基礎力》判定テスト　英語　　20
和田式《絶対基礎力》判定テスト　数学　　24
和田式・英語《絶対基礎力》強化プラン　　30
和田式・数学《絶対基礎力》強化プラン　　34

2章　英語の絶対基礎力をつける！　　37

ベストな参考書をベストに使って一気に飛躍！　　38
絶対基礎力がつく勉強法・3つのポイント《英語編》　　40

LEVEL 1　中学英語を完璧にする速攻トレーニング　　41

Best Selection 1　『SUPER STEP くもんの中学英文法』　　42

この本を使う目的／この本の特長／勉強するときの注意点／この本で学ぶべき対象者／こう進めよう！　学習計画／勉強を進めるスピード／1日の勉強時間

『くもん英文法』の上手な使い方　　48

Q&A こうすれば、もっとうまくいく！　　58

Best Selection 2　『くわしい問題集　英文法　中学1〜3年』　　64

この本を使う目的／この本の特長／この本の構成／こう進めよう！　学習計画／勉強するときの注意点

『くわしい英文法問題集』の上手な使い方　　68

Q&A こうすれば、もっとうまくいく！　　80

Best Selection 3 『VITAL1700英単語・熟語』 　　　　　　　　　　　　82

　　この本を使う目的／この本の特長／勉強を進めるスピード／
　　こう進めよう！　学習計画

『VITAL1700』の上手な使い方　　　　　　　　　　　　　　　86

Q&A こうすれば、もっとうまくいく！　　　　　　　　　　　94

LEVEL 2　入試長文の「読み方」を完全攻略　　　　　　　97

Best Selection 4 『高校　とってもやさしい英文解釈』 　　　　　　98

　　この本を使う目的／この本の特長／勉強するときの注意点／この本で学ぶべき対象者／
　　この本の構成／こう進めよう！　学習計画／勉強を始める準備

『やさしい英文解釈』の上手な使い方　　　　　　　　　　　　104

Best Selection 5 『ビジュアル英文解釈PARTⅠ』　　　　　　　　110

　　この本を使う目的／この本の特長／勉強するときの注意点／この本で学ぶべき対象者／
　　こう進めよう！　学習計画／勉強を始める準備

『ビジュアルⅠ』の上手な使い方　　　　　　　　　　　　　　116

Q&A こうすれば、もっとうまくいく！　　　　　　　　　　128

Best Selection 6 『セレクト70英語構文』　　　　　　　　　　　130

　　この本を使う目的／この本の特長／勉強するときの注意点／この本で学ぶべき対象者／
　　こう進めよう！　学習計画

『セレクト70』の上手な使い方　　　　　　　　　　　　　　136

Q&A こうすれば、もっとうまくいく！　　　　　　　　　　144

LEVEL 3　入試必須の読解ノウハウを獲得する　147

Best Selection 7　『入門英文解釈の技術70』　148

この本を使う目的／この本の特長／勉強するときの注意点／この本で学ぶべき対象者／この本の構成／こう進めよう！　学習計画

『入門解釈70』の上手な使い方　152

Q&A こうすれば、もっとうまくいく！　160

Best Selection 8　『速読英単語　入門編』　162

この本を使う目的／この本の特長／勉強するときの注意点／この本で学ぶべき対象者／こう進めよう！　学習計画／1日の勉強時間

『速単入門』の上手な使い方　166

Q&A こうすれば、もっとうまくいく！　172

3章　数学の絶対基礎力をつける！　175

やった分だけ確実に効果が上がる方法で制覇！　176

絶対基礎力がつく勉強法・3つのポイント《数学編》　178

LEVEL 1　万全の計算力がつく速攻トレーニング　179

Best Selection 9　『算数のつまずきを基礎からしっかり　計算』
『高校入試突破　計算力トレーニング』　180

この本で学ぶべき対象者／この本を使う目的／この本の特長／勉強するときの注意点／この本の構成／こう進めよう！　学習計画

『算数基礎』の上手な使い方　184

『計算力トレ』の上手な使い方　190

LEVEL 2 残してきた"穴"を確実に埋めておく！	*197*
高校数学への"助走路"を築く！	*198*
中学復習用の参考書・特徴と使い方	*200*

LEVEL 3 数学Ⅰ・Aをゼロから完全理解	*203*
Best Selection 10 『高校 これでわかる数学Ⅰ＋A』	*204*

この本を使う目的／この本の特長／勉強するときの注意点／こう進めよう！ 学習計画

『これでわかる数学』の上手な使い方	*210*
Q&A こうすれば、もっとうまくいく！	*222*

プロローグ
受験に勝つ「絶対基礎力」とは？

「基礎」とは何か、
実は教師もよくわかっていない

　「基礎を大事に」「まずは基礎力をかためなさい」……。学校でも、あるいは塾や予備校でも、これまで何度となく聞かされ、頭の中にすり込まれた言葉だ。「基礎が重要」ということに関しては、すべての人の意見が一致するだろう。

　ところが、「それって、どんな力なの？」「どうすれば基礎力がつくの？」と教師に問いかけてみても、明快な答えはなかなか返ってこない。受験の世界で使われる「基礎」や「基本」は、定義がきわめてアイマイなのだ。たとえば、「教科書こそ基本だ」「センター試験レベルまでが基礎だ」と言う人もいれば、「いまやっている勉強がすべて基礎だ」などと、アバウトなことを言う人もいる。

　受験参考書もそうで、タイトルに「基礎」とあっても、やさしい内容とはかぎらない。たとえば、『基礎英文問題精講』（旺文社）や『チャート式　基礎からの数学』シリーズ（数研出版）は、一般にイメージされる「基礎」のレベルをはるかに超えている。

　このように、耳慣れた言葉である「基礎」も、中身についてはとてもアイマイなのだ。だから、受験生自身も「基礎をしっかりかためろ」と言われても、「じゃあ、**いったい、実際には何をどうすればいいのか？**」がわかりにくい。それでいちばん困るのは、基礎ができていない（あるいは基礎力がないことに、自分で気づいていない）ために受験勉強がうまく進められない人たちだ。

どの大学を受けるにも必要な「絶対基礎力」が存在する！

　たとえば、プロ野球の入団テストの一次試験では、「50メートル走6秒3以内、遠投95メートル以上」といった条件が課せられる。これを満たせなければ、「プロでやっていく基礎体力がない」と判断される。きびしいが、とてもわかりやすい。

　しかし、受験の世界の「基礎」には、このようなはっきりとした基準がない。だから、いつまでたってもアイマイなのだ。

　そこで、この本では、「基礎」という言葉を明確にすることからはじめたい。結論から先に言うと、いわゆる「基礎力」を、**《絶対基礎力》**と**《入試基礎力》**の2つのレベルに分ける。

　まず**《絶対基礎力》**だが、これは、プロ野球の入団テストの一次試験のようなものと考えてほしい。つまり、「受験をする人なら、だれでも絶対に身につけなければならない学力」だ。

　もう1つの**《入試基礎力》**は、「志望校を突破するために必要な学力」とする。レベル的には、《入試基礎力》が《絶対基礎力》の上にくる。積み木で言うと、《絶対基礎力》の上に《入試基礎力》が乗っかっているイメージだ。

《入試基礎力》の内容は、志望校によって変わる

　《入試基礎力》は、志望校のレベルによって、その量や質が変わる。かなり"相対的な基礎力"と言ってもいいだろう。

　たとえば、東大や京大、早稲田、慶應のような難関大学を目指す人と私立中堅大学を目指す人では、身につけなければならない《入試基礎力》の"厚み"は、当然ちがってくる。

さらに言うと、同じレベルの大学でも、どの大学を受けるかによって《入試基礎力》の質も変わる。これは、大学によって入試問題の形式や傾向が、かなりちがうためだ。

　日本史を例にとると、東大では細かい知識はそれほどいらない。そのかわり、歴史の大きな流れをつかんで論理的な答案を作る論述力、表現力などが要求される。

　それに対して、早稲田の日本史は選択式の正誤問題が多く、聞かれる内容も非常に細かい。教科書の欄外に小さく書かれている用語など、重箱の隅を突っつくようなことまで覚える必要がある。

　つまり、東大を受けるか、早稲田を受けるかによって、受験勉強のやり方も変えていく必要があるのだ。《入試基礎力》は志望校の入試傾向に合わせて積み上げていくもの、と理解してほしい。

《絶対基礎力》をつけることが、志望校突破の必要最低条件！

　いっぽう、《絶対基礎力》の中身は、大学のレベルや入試問題の傾向には左右されない。だからこそ、「絶対」なのだ。

　次ページのグラフを見てほしい。これは、《絶対基礎力》と《入試基礎力》、志望校レベルの関係を示したものだ。《絶対基礎力》は、中学から高１程度のレベルにおさまっている。

　受験勉強において**圧倒的に重要なのは、《絶対基礎力》のほう**である。《絶対基礎力》は、《入試基礎力》を築く"土台"となるものだ。土台がグラグラしていたら、どうがんばってもその上にブロックを積み上げることはできない。

　ところが現実には、《絶対基礎力》が身についていない段階から、《入試基礎力》にばかり目を向ける受験生が多い。

「絶対基礎力」を示す棒グラフイメージ

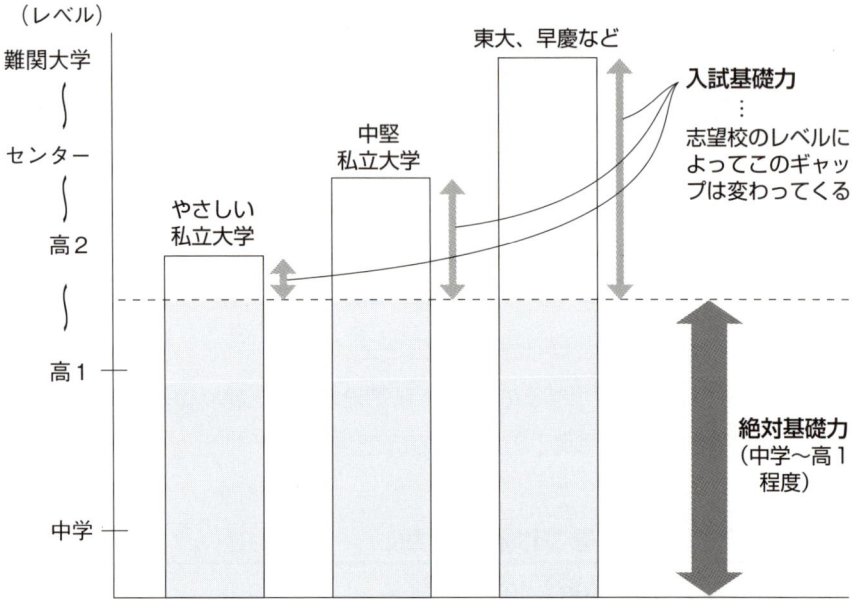

　「勉強しているのに、なぜか思うように伸びない」「勉強が効率よく進められない」「参考書の内容が頭にはいってこない」……。こうした悩みを抱えている人のおそらく8割以上は、土台となる《絶対基礎力》に何らかの問題があると考えていい。

　ところが、あとでお話しするように、受験生はそのことになかなか気づかない。教師も、ほとんどわかっていない。そのために、結局、「うまくいかないのは、自分の頭が悪いからだ」と考えるようになり、志望校のランクを下げたり、「はいれる大学があればどこでもいいや」などとあきらめたりしてしまう。こんなにもったいない話もない。

　断言しよう。デキないのは頭が悪いからでも、才能がないからでもない。原因はいたって単純で、ようは**《絶対基礎力》に何らかの問題があるから、うまくいかない**のだ。

《絶対基礎力》を効率よく確実にかためる方法がある！

　ここまで読んでもらって、「もしかしたら、自分もそうかもしれない」と思い当たる人もいるだろう。しかし、同時に不安もあるにちがいない。

　いまから《絶対基礎力》をかためなければならない。しかもそれで終わりではなく、さらに《入試基礎力》までかためるとなると、入試に間に合わないのではないか、という不安だ。

　だが、心配しなくていい。《絶対基礎力》を効率よく短期間でかためる勉強法を、この本で詳細に伝えていく。ただし、そのためには、私が提唱する受験勉強術（以下「**和田式勉強術**」）について理解してもらうことが、どうしても必要になる。

　そこで、「和田式勉強術」の基本的な考え方について、《入試基礎力》や《絶対基礎力》との関係にふれながら、3つのポイントにまとめてお話ししておこう。

ポイント1　志望校の過去問の解答を理解できれば、《入試基礎力》はOK！

　和田式勉強術では、学校の成績を上げる、模試の偏差値を上げる、といったことは重視しない。**志望校の入試で合格最低点をクリアーすること**を最大の目標に掲げ、それを達成するために**何をどう勉強すればいいか**の戦略を立てる。

　そのために、志望校の過去の入試問題、すなわち過去問を柱にして受験勉強を組み立てる。これが、和田式勉強術の基本だ。

　たとえば、偏差値が55の人でも、偏差値ランクが60の大学の過去問を解いて合格最低点をクリアーできれば、その時点で「志望校突破の実力がついた」と判断していい。

また、志望校の過去問を自力で解けなくても、解答を読んで理解できれば、「《入試基礎力》はついている」と判断できる。
　もちろんこの場合、最終的には志望校の入試問題を自力で解けるようにする勉強（志望校対策）が必要だ。しかし、**過去問の解答や解説を理解できる**ということは、**志望校の入試問題と同じレベルの参考書を使える**ことを意味する。そうなれば、すぐにでも本格的な志望校対策をはじめられる。
　つまり、《入試基礎力》は、和田式勉強術の流れでは、「本格的な志望校対策にはいるために必要な学力」＝「過去問の解答や解説を理解できる力」と定義することができる。

ポイント2　《入試基礎力》は、志望校の入試に照準を合わせてかためる

　志望校の過去問の解答や解説を理解できない場合は、いきなり志望校対策にはいれない。《入試基礎力》がついていないと判断しなければならないのだ。そこで、まずは《入試基礎力》をかためることを目標に掲げて勉強計画を立てる。
　具体的にどうやって《入試基礎力》をかためるかというと、これは志望校のレベルによっても教科によってもちがう。
　たとえば難関大学を目指す場合、数学なら『チャート式　基礎からの数学』シリーズ（数研出版、以下「青チャート」）のような参考書に取り組むことで《入試基礎力》をかためていく。
　中堅大学を志望するなら、もっとやさしいレベルの参考書、たとえば「黄チャート」（同じ数研出版の『チャート式　解法と演習数学』シリーズ）でも十分だ。志望校のレベルに合わせてよけいなムダをはぶくことで、徹底的に効率を重視する。
　英語の場合、中堅私立大学を狙う人ならセンター試験レベルの長文をスラスラ読めるくらいになれば、ひとまず《入試基礎力》の70～80パーセントは

身についたものと判断できる。このあとは、志望校の入試レベルや傾向に合わせて、さらに残りの《入試基礎力》を埋めていく。

和田式勉強術では、このように、志望校の入試レベルや傾向に照準を合わせて《入試基礎力》をかためていくところに特徴がある。「学校の成績を上げる勉強」や「模試の偏差値を上げる勉強」にくらべると、はるかにムダが少なく、短期間で効率よく**志望校向きの実力**をつけることができるのだ。

ポイント3 「わからなくなった地点」に戻って勉強をスタートさせる

「青チャート」や「黄チャート」がうまく使えない。高校初級用と言われる英語の参考書もよく理解できない……。こういう人は、**《絶対基礎力》に問題がある**と考えたほうがいい。

この場合は、**つまずいた地点まで戻って勉強をスタートさせる**のが、和田式勉強術の鉄則だ。

とくに数学や英語は、「前に習った知識を使って、新しいことを理解し習得する」典型的な〝積み上げ型〟の教科だ。いったんどこかでつまずくと、そこから先の理解がおぼつかなくなる。

たとえば、数学Ⅱの「複素数と方程式」の単元がよく理解できない人は、数学Ⅰの「数と式」や「2次関数」の単元でつまずいている可能性が非常に高い。このあたりを一度やり直してから「複素数と方程式」に取り組むのが、一見遠回りのようであっても、実はいちばん確実で速いやり方になるのだ。

《絶対基礎力》をいかに短期間でかためるかが最大のテーマ

　さて、ここまで読んでもらって、《入試基礎力》のほうは、一般的に言われる「基礎」よりもかなり高いレベルであることがわかっていただけただろう。

　実際、**高3の春**までに英語と数学の《入試基礎力》が両方ともかたまっている生徒はかなり少ない。「そこそこの進学校」と呼ばれる公立高校でも、上位の2割程度だろう。これは、私が監修する志望校別の通信受験指導塾「緑鐵受験指導ゼミナール」に蓄積されている受講生の成績データをもとにした推定だが、高校の現場教師から聞く話ともほぼ一致する。

　「緑鐵受験指導ゼミナール」では、入会時の実力を客観的に把握するためのテストを実施している。このテストは、中学レベルからセンター試験レベルまでの問題を中心に構成したものだが、地元で「そこそこの進学校」と呼ばれているような**普通高校の生徒でも、4〜5割は中学レベルの問題でつまずく**。中位から下位の高校となると、その割合は7〜8割に達する。センター試験レベルの問題になるとさらにきびしくなり、全体の約8割の生徒が"アウト"となる。

　こういう人たちにとっては、**いかに短期間に《絶対基礎力》をかためるか**が最大のテーマになる。しかも、できるかぎり時間をとられないようにしなくてはならない。というのも、《絶対基礎力》をかためて初めて、《入試基礎力》を身につける勉強にはいることができ、そこでどうにか本格的な志望校対策に取り組めるようになるからだ。

　本番まで「残り1年」を切った段階の高3生にとって、これは非常にきびしい。しかし、それでもなんとかしなければならないということで、「緑鐵受験指導ゼミナール」では、**《絶対基礎力》を効率よくかためるカリキュラムや勉強法**の開発に力を入れてきた。そのノウハウをできるだけ詳細に、かつ、わかりやすく伝えることが本書の最大の目的でもある。

1章

和田式「絶対基礎力」強化プラン

"自分が戻るべき地点"がわかれば、あとは一直線！

「どこでつまずいていたのか」を見きわめる

　教師が「基礎」の重要性をいくら強調しても、それを聞くほうは「はいはい、わかりました」と聞き流すだけで、なかなか自分から動こうとはしない。というより、「どう動けばいいのか、よくわからない」というのが本当のところだろう。

　これは、学校や教師の側にもかなり問題がある。授業を理解できない生徒に対するケアが、ほとんどできていないのだ。

　教育関係者の間では、「七・五・三」という言葉がよく交わされている。高校生の7割、中学生の5割、小学生の3割が「授業を理解できない」という実態を表す"流行語"だ。

　授業を理解できない高校生が、高3の夏ごろまでに私の言う《入試基礎力》を学校の授業や補習だけでかためられるかというと、これはほとんど絶望的だろう。

　中学の段階ですでに授業を理解できなくなっている生徒が5割いて、その人たちがそのまま高校に入学してくる。中学時代につまずいた人は、当然のことながら高校の授業を理解できるはずがない。ところが、大抵の教師は、生徒が「どの段階でつまずいているのか」をつかめていないというのが実態だ。

　高校の教育現場では、「中学レベルをやり直す」という発想がほとんどない。必要性を感じていないのか、時間的余裕がないのか、おそらくその両方だろう。

いま気づかなければ、手遅れになる！

　「中学レベルからやり直す」という発想は、残念なことに生徒の側にもない。「デキないのは、まじめに授業を受けていないから、勉強していないから」と考える人が非常に多いのだ。

　たとえば、学校の定期テストや模試で、30点くらいしか取れなかったときでも、「今回はヒドかった。次回は心を入れかえてがんばろう」と決意するだけで終わってしまう。

　しかし、理解できない授業は、いくらまじめに聞こうが、やはり理解できない。理解の前提となる知識がスッポリ抜け落ちているからだ。それを埋めるには、何度も言うように「わからなくなった地点」に戻って、勉強をスタートさせるしかない。

　そのことに気づけるかどうかが、受験の成否を左右する。

　とくに**高2生や高3生は、いま気づかないと手遅れ**になる。これは、大げさに脅しているわけではない。

《絶対基礎力》をかためるまでが勝負！

　「緑鐵受験指導ゼミナール」では、"高校以前"の段階でつまずいていると担任講師が判断した場合、中学生用の参考書を宿題に指定する。受講生にしてみれば、これはショックだろう。まさか自分が中学レベルでつまずいているとは思っていないからだ。

　ここで受講生の対応は2つに分かれる。

　「中学の復習など自分には絶対必要ない。時間のムダ」と言い張って講師の作成した年間計画を勝手に変更してしまう**"拒絶派"**と、素直に受け入れて計画どおりに中学の復習からスタートする**"合意派"**だ。

2〜3か月もすると、両者の差は目に見える形で出てくる。

"拒絶派"は、「入試レベルの参考書をつまみ食いしては挫折する」をくり返すだけで、実力的には足踏み状態のままだ。

ところが"合意派"のほうは、2〜3か月ほどでさっそく結果が表れてくる。「模試の成績が上がった」「定期テストで順位が30番上がった」などと喜んで担任講師に報告してくるのは、ほとんどが"合意派"だ。

こうなると、あとは意外にスムーズに進む。《絶対基礎力》から《入試基礎力》まで、早ければ7〜8か月で一気に駆け抜け、入試に間に合わせることができる。いかに《絶対基礎力》が重要かということだ。

この緊急チェックで
スタート地点を確認！

ここまでの要点をいったん整理しておこう。

> ①学校では"つまずいた地点"に戻ってケアしてくれない。
> ②本人も「自分が過去のどこでつまずいたか」を自覚しにくい。
> ③"つまずいた地点"から勉強をスタートさせなければ、《絶対基礎力》はかためられない。

①〜③から導かれる結論はただ1つ、**「どこでつまずいているのか」を自分で特定し、《絶対基礎力》を自分の力でかためていく**しかないということだ。もちろん、早ければ早いほどいい。

そこでこの本では、英語と数学について、《絶対基礎力》のどの段階から**勉強をはじめるべきか**を判定するテストを用意した。

古文や漢文、理科、地歴はどうなのかと思うかもしれないが、これらは高校になってから本格的に学ぶものなので、さすがに中学レベルにまで戻る必

要はない。いざとなれば、最後の数か月の追い込みでどうにか仕上げられる。

　その点、英語は中学1年、数学は下手をすると小学校高学年の算数あたりが《絶対基礎力》のスタート地点になる可能性がある。英語と数学は、《入試基礎力》をかためるまでにもっとも時間がかかるが、この2教科が仕上げられないと、受験どころの話ではない。それは君たちもよくわかっているだろう。

判定は「きびしめ」
くらいでちょうどいい

　20〜21ページには英語、24〜25ページには数学の「和田式《絶対基礎力》判定テスト」を掲載した。たいした時間はかからないので、あとまわしにせず、いますぐ取り組んでほしい。

　それぞれ、解答のあとに「判定」を示すが、自己採点だと、どうしても甘めにつけてしまう人がいる。判定を甘くして自分にいいことはひとつもない。つぎの注意点をかならず守って、テストを解いてほしい。

> **判定テストを解くときの《注意点》**
>
> ①秒針つきの時計を用意する。
> ②制限時間をかならず守る。時間内に解けなかった問題は、すべて「不正解」として扱う。
> ③英語は、つづりのミスも当然不正解とする。和訳問題は解説を参照しながら細かくチェックする。

和田式《絶対基礎力》判定テスト
英語　制限時間20分

Ⅰ.【単語】A欄の関係にならって、B欄の（　）に適切な1語を入れなさい。

　　　　　　A　　　　　　　　　　　　　B
(1)　good ── better ── best　　　ill ──（　　）──（　　）
　　　　　　　　　　　　　　　　　happy ──（　　）──（　　）
(2)　boy ── girl　　　　　　　　　buy ──（　　）
(3)　play ── plays　　　　　　　　study ──（　　）
(4)　box ── boxes　　　　　　　　child ──（　　）
(5)　do ── did ── done　　　　　bring ──（　　）──（　　）
(6)　one ── won　　　　　　　　　there ──（　　）
(7)　honest ── honesty　　　　　free ──（　　）

Ⅱ.【文法】次の英文の（　）内に入る適当な語句を選び、記号で答えなさい。

(1)　I'm wise (　　) to take care of myself.
　　ア、so　　イ、too　　ウ、as　　エ、enough
(2)　(　　) I was tired, I studied last night.
　　ア、Because　　イ、Though　　ウ、If　　エ、But
(3)　I usually get up (　　) seven.
　　ア、at　　イ、in　　ウ、on　　エ、for
(4)　Would you mind (　　) the window?
　　ア、open　　イ、to open　　ウ、opening　　エ、opened
(5)　If it (　　) fine tomorrow, I'll go on a picnic.
　　ア、be　　イ、is　　ウ、was　　エ、will be

Ⅲ.【文法】次の英文の（　）内に入る適当な語句を下のア、イから選び、記号で答えなさい。

(1) Don't forget (　　　) him.
　　（彼に会うのを忘れないようにしなさい）

(2) I'll never forget (　　　) him.
　　（彼に会ったことは決して忘れません）

　　| ア、meeting　　イ、to meet |

Ⅳ.【構文（英作文）】

(1) 次の2つの文を関係代名詞を使って一文にしなさい。
　　Do you know the girl? Her eyes are blue.

(2) to不定詞を使って次の英文を、同じ意味になる英文に書き換えなさい。
　　He was so tired that he could not walk.

(3) 次の日本文の意味を表すように、（　）内の語句を並べ替えなさい。
　　「当地の気候は東京よりも暖かです」
　　The (is, Tokyo, climate, than, here, that, warmer, of).

Ⅴ.【和訳】次の英文を和訳しなさい。

(1) I have something to show you.

(2) I don't think it good to consult a dictionary every time you meet up with a word you don't know.
　　＊語句注　consult ＝〜を調べる　　meet up with ＝〜に出くわす

和田式《絶対基礎力》判定テスト
英語　解答&解説

Ⅰ．配点：各1点×8、計8点（ill、happy、bring は完答で1点）
(1) worse（比較級）— worst（最上級）　happier — happiest
(2) sell（対義語）　(3) studies（3人称単数現在形）
(4) children（複数形）　(5) brought（過去形）— brought（過去分詞形）
(6) their（同音異義語）　(7) freedom（名詞）

Ⅱ．配点：各1点×5、計5点
(1) エ　(2) イ　(3) ア　(4) ウ　(5) イ

Ⅲ．配点：各1点×2、計2点
(1) イ　(Don't forget to meet him.)
(2) ア　(I'll never forget meeting him.)

Ⅳ．配点：(1)は1点、(2)・(3)は各2点、計5点
(1) Do you know the girl whose eyes are blue?[who has blue eyes?]
(2) He was too tired to walk.
(3) The climate here is warmer than that of Tokyo.

Ⅴ．配点：(1)は2点、(2)は3点、計5点
(1) **私はあなたに見せるものがあります。**
《解説》'something' はかならず後置修飾の形を取るので、'to show you' は 'something' にかかっていることを見抜いて訳すのがポイント。
《採点基準》「あなたに見せたいものがある」「見てもらいたいものがある」などでも正解。ただし、'something to want to show you' とはなっていないので、

テストでは「見せたい」と訳さないほうが無難。「私はあなたに見せるものを持っています」もまちがいではないが、haveをいつも「持っている」と訳してはダメ。

(2) **知らない単語に出くわすたびに辞書を調べるのは、私はよくないと思う。**

《解説》 'I don't think it good' =「私はそれをいいとは思わない」という第5文型（SVOC）がこの文の骨格。itは仮目的語であり、真目的語はto consult以下にある。

'every time 〜' は「〜するすべてのとき」となるが、「〜するたびに」と訳す。a wordの後ろには関係代名詞which（またはthat）が省略されており、you don't knowがa wordを修飾している。

《採点基準》①第5文型であること、②itは仮目的語でto以下が真目的語であること、③every time以下が正しく訳せていること、以上①〜③すべてがわかって訳せた場合のみ3点。

「あなたが知らない単語に出くわすときにいつも」などの訳でも正解。

判　定

Ⅰ〜Ⅴの合計25点満点のうち20点以上なら「合格」。ただし、Ⅰ、Ⅱ、Ⅳ、Ⅴのうち1つでも2点以下のものがあれば「不合格」。

- 「不合格」の人は、中学レベルの復習からスタート。
- 「合格」の人は、中学レベルの復習は必要ない。どこからスタートするかについては33ページ参照。

和田式《絶対基礎力》判定テスト

 制限時間Ⅰ・12分／Ⅱ・12分／Ⅲ・10分

Ⅰa 次の各問に答えなさい（(1)〜(6)は計算しなさい）。

(1) $30-\{8+(50-7\times 6)\}$

(2) $\left\{\left(0.25+\dfrac{3}{4}\right)\div 0.5-1.5\right\}\div\dfrac{1}{4}$

(3) $3\times 31.4-5\times 15.7$

(4) $-7\times(-6)+(-4)^2\div(-2^2)$

(5) $9a^2\times(-2ab)^2\div 6ab$

(6) $\sqrt{27}-\dfrac{7\sqrt{6}}{\sqrt{2}}+\sqrt{2}\times\sqrt{6}$

(7) $(2x+3y)(3y-2x)$ を展開しなさい。

(8) $2x^2-5x+3$ を因数分解しなさい。

(9) 図1で x の値を求めなさい。

図1
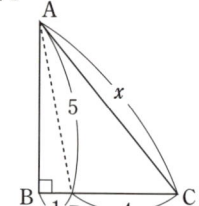

Ⅰb 次の方程式を解きなさい。

(1) $2x+12=7-3x$

(2) $4-\dfrac{20-x}{7}=3x$

(3) $\begin{cases}7x-2y=-16\\5x+3y=-7\end{cases}$

(4) $\begin{cases}0.2x=0.3y\\\dfrac{x}{3}+\dfrac{y}{2}=2\end{cases}$

(5) $x^2+2x=4$

(6) $9x(2x+1)=2$

Ⅱa 次の各問に答えなさい。

(1) 5kmの道のりを進むのに最初の x mを分速60mで歩き、残りの道のりを分速100mで走ると1時間かからなかった。この関係を不等式で表しなさい。

(2) ノートをあるクラスの生徒に配るのに、1人3冊ずつ配ると22冊余り、4冊ずつ配ると6冊足りない。このとき、ノートの冊数を求めなさい。

(3) $y=2x\cdots$① と $y=-\dfrac{4}{x}\cdots$② のグラフを右の①、②に描きなさい。

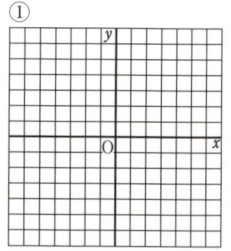

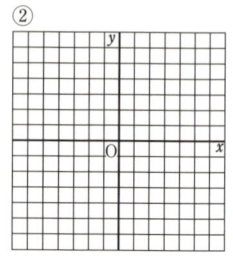

(4)　2直線 $y=2x+1$ と $y=ax+2$ の交点Ｐが直線 $y=3x$ 上にある。このときの「点Ｐ」と「$y=ax+2$ のグラフ」を右の座標に描きなさい。

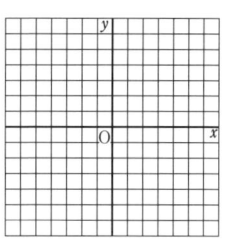

Ⅱb　次の各問に答えなさい。
(1)　底面の半径が3cm、母線の長さが8cmの円すいの表面積を求めなさい。円周率を π とする。
(2)　図2、図3で、$\angle x$ と $\angle y$ の大きさを求めなさい。

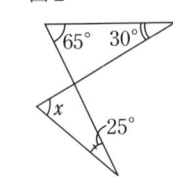 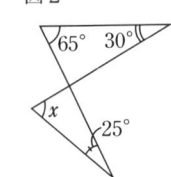

図2　　　図3

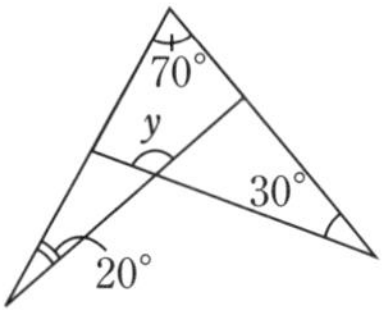

(3)　対角線がそれぞれの中点で交わる四角形は平行四辺形になることを、図4を利用して証明しなさい。

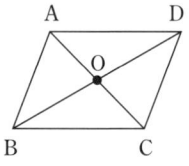

図4

Ⅲa　次の各問に答えなさい。
(1)　$(a+b-c)^2$ を展開しなさい。
(2)　$y=-x^2$ のグラフを右の座標に描きなさい。
(3)　$y=2x^2$ の x の変域が $-1 \leqq x \leqq 2$ であるときの y の変域を求めなさい。
(4)　$y=ax^2$ で、x の変域が $-1 \leqq x \leqq 2$ のとき、y の変域は $0 \leqq y \leqq 12$ となる。a の値を求めなさい。

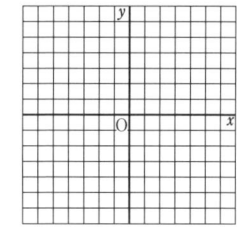

Ⅲb　次の各問に答えなさい。
(1)　図5の三角形がある。$\angle EAC$（$\angle A$の外角）の二等分線がBCの延長線上と交わる点をPとするとき、BDの長さと $\angle DAP$ の大きさをそれぞれ求めなさい。

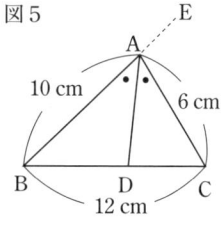

図5

(2)　図6について、次の①、②に答えなさい。
①　$\triangle PAC \sim \triangle PDB$ を証明しなさい。
②　$PA=6$cm、$PB=4$cm、$PC=5$cmのとき、PDの長さを求めなさい。

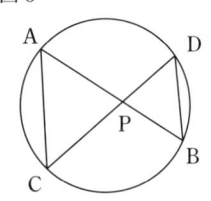

図6

和田式《絶対基礎力》判定テスト
数学　解答＆判定

Ⅰa　小学算数＋中学の計算（計9点…すべて1点）
(1) 14　(2) 2　(3) 15.7　(4) 38　(5) $6a^3b$　(6) $-2\sqrt{3}$
(7) $9y^2-4x^2$ または $-4x^2+9y^2$　(8) $(x-1)(2x-3)$　(9) $x=7$

Ⅰb　中学の方程式計算（計6点…すべて1点）
(1) $x=-1$　(2) $x=\dfrac{2}{5}$　(3) $x=-2$、$y=1$　(4) $x=3$、$y=2$
(5) $x=-1\pm\sqrt{5}$　(6) $x=-\dfrac{2}{3}$、$\dfrac{1}{6}$

Ⅱa　中学1・2年の数式・関数（計6点）
(1) $\dfrac{x}{60}+\dfrac{5000-x}{100}<60$ …（1点）
(2) 106（冊）…（1点）
(3) 右の①、②を参照…（1点×2）
(4) 右の③の点とグラフを参照…（1点×2）

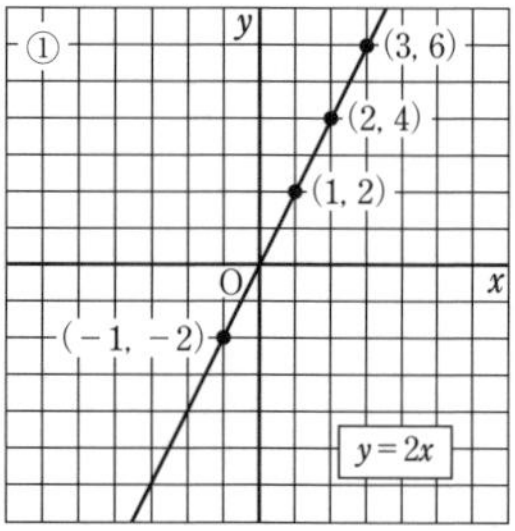

Ⅱb　中学1・2年の図形（計6点）
(1) 33π（cm^2）…（2点）
(2) $\angle x=70°$、$\angle y=120°$ …（1点×2）
(3) ［証明］
　　△OABと△OCDにおいて、
　　　OA＝OC、OB＝OD
　　また、対頂角は等しいので、
　　　$\angle$AOB＝$\angle$COD
　　よって、2辺とその間の角がそれぞれ等しいので、

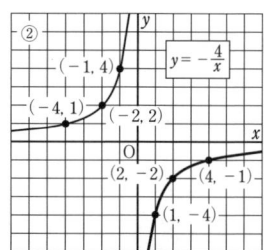

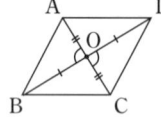

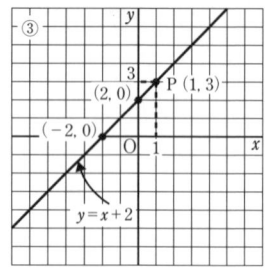

△OAB≡△OCD

錯角が等しいので、AB∥DC …①

同様に、2辺とその間の角がそれぞれ等しいので、

△OAD≡△OCB

錯角が等しいので、AD∥BC …②

①、②より、四角形の2組の対辺が平行であるので、この四角形は平行四辺形であることが示された。[証明終]…（2点）

【別解】下線部を以下のように変えても可。

したがって、AB＝CD
したがって、AD＝CB
それぞれ等しい

──採点ポイント──
1．向かい合う三角形の合同を証明する（2辺とその間の角が等しい）。
2．合同の証明に基づき、四角形の向かい合う2組の辺がそれぞれ「平行である」または「長さが等しい」ことを示す。

Ⅲa　中学3年の数式・関数（計4点）

(1) $a^2+b^2+c^2+2ab-2bc-2ca$ …（1点）
(2) 右下のグラフを参照…（1点）
(3) $0 \leq y \leq 8$ …（1点）
(4) $a=3$ …（1点）

Ⅲb　中学3年の図形（計4点）

(1) BD＝$\dfrac{15}{2}$（cm）、∠DAP＝90° …（1点×2）

(2) ①［証明］

△PACと△PDBにおいて、対頂角は等しいので、

∠APC＝∠DPBである。

同じ弧に対する円周角は等しいので

∠BAC＝∠CDBである。

以上より、2組の角がそれぞれ等しいので、

△PAC∽△PDBであることが示された。[証明終]…（1点）

②PD＝$\dfrac{24}{5}$（cm）…（1点）

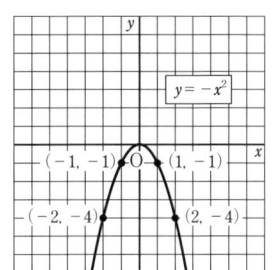

判 定

＊問題Ⅰ～Ⅲについて、自分の得点を下の表に記入する。

①小学算数＋中学数式計算	Ⅰa＋Ⅰb　／15

	数式・関数	図形	
中学１・２年	Ⅱa　／6	Ⅱb　／6	②中学１・２年合計　／12
中学３年	Ⅲa　／4	Ⅲb　／4	③中学３年合計　／8
	④数式・関数合計　／10	⑤図形合計　／10	⑥全体合計　／20

《チェックA》 計算力の"つまずき"を判定する

> ①小学算数＋中学数式計算（Ⅰa＋Ⅰb）…15点満点
> - Ⅰaで6点以下、または「Ⅰa＋Ⅰb」で9点以下
>   →小学算数と中学数式計算のやり直し（180ページ参照）
> - 「Ⅰa＋Ⅰb」で10～12点→中学数式計算を復習（180ページ参照）
> - 「Ⅰa＋Ⅰb」で13点以上→計算の復習はパスしてよい

《チェックB》 学年ごとの"つまずき"を判定する

> ②中学１・２年合計（Ⅱa＋Ⅱb）…12点満点
> - 7点以下→中学１・２年の数学を丁寧に復習（199ページ参照）
> - 8～9点→中学１・２年の数学を簡単に復習（199ページ参照）
>
> ③中学３年合計（Ⅲa＋Ⅲb）…8点満点
> - 6点以下→中学３年の数学を丁寧に復習（199ページ参照）
>   【注意】②で「7点以下」の判定の場合も同じ

《チェックC》分野別の"弱点"を判定する

　学年全体を通した復習は必要ないが、「数式・関数」と「図形」の分野に弱点がある場合は、弱点分野について縦断的に復習をしておく。ただし《チェックB》の②、③の両方に引っかかって、中学1年～3年の復習をやり直す人は、そちらで弱点分野の学習もするので下記の判定は適用しない。以下は②で10点以上、③で7点以上だった人を対象とする判定。

---

④数式・関数の合計（Ⅱa＋Ⅲa）…10点満点
 ・6点以下→「方程式と関数」分野を復習（199ページ参照）

⑤図形の合計（Ⅱb＋Ⅲb）…10点満点
 ・6点以下→「図形」分野を復習（199ページ参照）

《チェックD》中学全体の簡単な復習が必要かを判定する

　以上の《チェックB》と《チェックC》で中学数学のやり直しや分野別の復習の必要がないと判定された場合でも、全体合計が16点以下（得点率80％以下）の人は、軽微な穴やこのテストでは見過ごされている穴があるかもしれないので、念のため中学3年間の簡単な復習をしてから高校数学の「プレ解法暗記」（36ページ参照）に移りたい。

---

⑥全体合計…20点満点
 ・16点以下→中学数学を簡単に復習（199ページ参照）

＊以上、どれにも引っかからなかった人は中学数学の復習をパスし、「LEVEL 3」（204ページ以降）の高校数学・プレ解法暗記へ進む。

和田式・英語《絶対基礎力》強化プラン

独自のカリキュラムで
進める《絶対基礎力》強化計画

　英語の《絶対基礎力》判定テストで「不合格」だった人は、中学レベルからのスタートになる。だが、心配しなくてもいい。和田式"読み込み英語"の流れに乗って、《絶対基礎力》をかためるプログラムを淡々と消化するだけでいいのだ。

　和田式**"読み込み英語"**とは、その名のとおり、英文の"読み込み"を徹底的に重視するカリキュラムだ。学校の英語の授業では、まとまった量の英文を読む機会がほとんどない。長文読解を苦手とする高校生が多いのもそのためで、このままでは入試に太刀打ちできない。

　英語の実力は、読み込んだ英文の量に比例して伸びていく。しかも、英文を読みながら、そこで出てきた単語や熟語を覚えるほうが、単独で丸暗記するよりはるかに記憶の定着率がいい。

　ただし、中学英語でつまずいている人は、いきなり長文を効率よく読み込むことができない。そこで、「中学復習期」と「基礎体力期」を設定する。ここで、英文を読むために最低限必要になる文法事項や単語を短期間でストックしてから、「読み込み期」に移る。

　「中学復習期」から「読み込み期」の前半までが《絶対基礎力》をかためる段階で、それ以降は徐々に《入試基礎力》の領域にはいっていく。

　この本では、「中学復習期」から「読み込み期」の初期あたりまでを扱うが、ここまでくると、「解釈力」に関してはセンター試験に対応可能なレベルに達する。

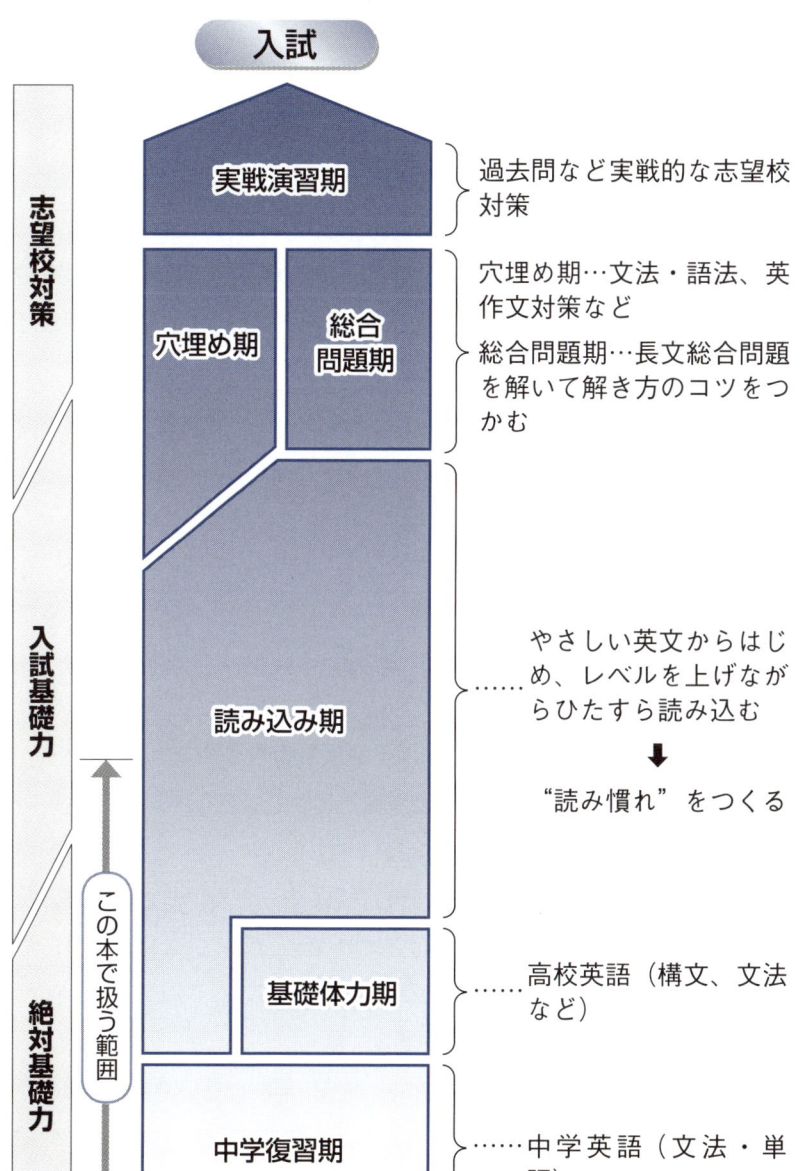

メインとサブの参考書を同時に進める

　英語の勉強を効果的に進めるには、できるだけ英語に接する時間を増やすことが重要だ。たとえば、家で確保する勉強時間（この本では1日90分を基本とする）とは別に、通学電車や学校の内職などの時間をどんどん活用したい。

　和田式"読み込み英語"では、**家でじっくり勉強するのに向く参考書（おもに読解系）をメインのラインに置き、それと並行して、空き時間などを活用して取り組むサブの参考書を配置する。**

　サブのラインには、机に向かってやる必要のない単語集や構文集などを持ってくるのがセオリーだ。

「読み込み期」の前半には、精読用の参考書を配置

　「読み込み期」では、メインの読解系で、最低でも3冊の参考書を使う（もちろん、多ければ多いほどいい）。読解系の参考書には、訳をノートに書きながら正確に読む精読用と速読演習用のものがあるが、「読み込み期」の初期は、精読用の参考書を使うようにしたい。

　これは、「カンに頼って適当に読むクセ」をつけないようにするのが目的だ。ただし、精読用の参考書だけでガチガチのラインを組むと、こんどは「緻密（ちみつ）に読まないと気がすまないクセ」がついて、「一読して大意をつかむ」読み方ができなくなるおそれもある。

　理想的には精読用の参考書を使いながら、時おり速読用をはさむのがベストだが、それができないときは、サブのラインに速読用の軽めの参考書、たとえば『速読英単語』シリーズ（Z会出版）を配置すると、うまくバランスが取れる。

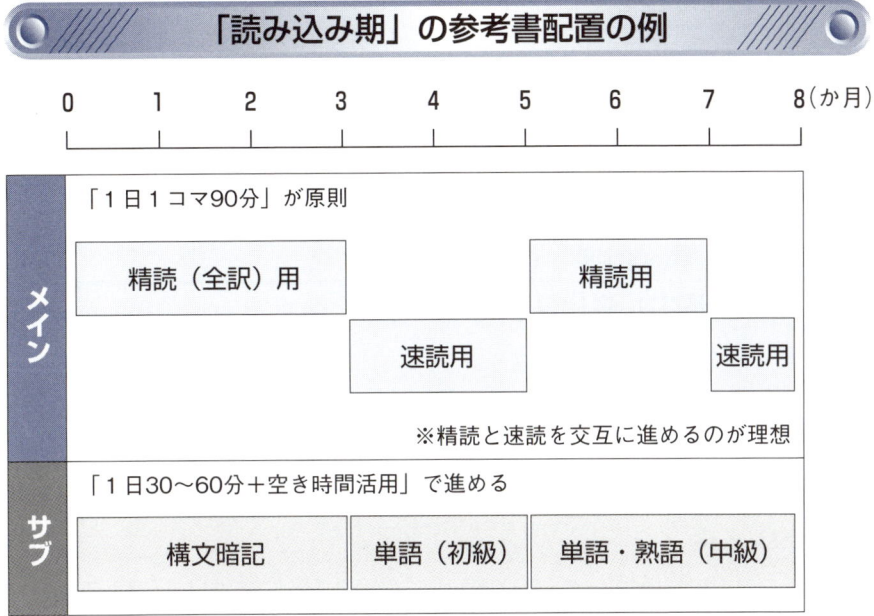

判定テストで「合格者」だった人はこうスタートしよう

　英語の《絶対基礎力》判定テストで「合格」だった人は、基本的に「中学復習期」を飛ばして進めていい。

　ただ、それでもなんとなく不安が残る人は、2章の44ページにある「簡易診断表」でチェックしてみよう。このチェックに引っかかった人は、やはり中学の復習からスタートしたほうが無難だろう。

　「中学復習期」を通る必要がない人は、どこからスタートするかを自分なりの判断で決めてほしい。

　2章では、それぞれの参考書について「この本で学ぶべき対象者」という項目を設け、どういう"症状"のある人に適しているかを示す。自分がそれにあてはまると思ったら、その参考書を出発点として、和田式"読み込み英語"にはいっていけばいい。

和田式・数学《絶対基礎力》強化プラン

和田式"暗記数学"で進める《絶対基礎力》強化プラン

　　数学は、和田式"暗記数学"にそって、《絶対基礎力》をかためていく。"暗記数学"は、入試問題を解くために必要な解法を覚える「**解法暗記**」と、覚えた解法を組み合わせて使う練習をする「**試行力養成**」の２段階の流れで進む。

　　この"暗記数学"の「解法暗記」における最大の特徴は、「自力で問題を解かない」ところにある。もちろん自力で解ければそれに越したことはない。しかし、１題解くのに30分も１時間もかけていたら、とてもではないが、入試に間に合わない。

　　そこで、５分考えてもわからない問題は、すぐに模範解答を見て解法の流れを理解しながら覚えていく。このやり方で「解法暗記」を進めると、たとえば「青チャート」を、１冊３〜４か月で仕上げることも可能だ。

「解法暗記」を支える計算力を徹底強化しよう！

　　"暗記数学"の流れの中で、《入試基礎力》は「解法暗記」の段階に相当する。「青チャート」のような"解法暗記本"を仕上げれば、まず、《入試基礎力》は完璧にかたまる。

　　ただし、「解法暗記」を効率よく進めていくには、２つ条件がある。１つは、「**速くて正確な計算力**」だ。

和田式"暗記数学"の流れ

```
絶対基礎力 → 入試基礎力 → 志望校対策
```

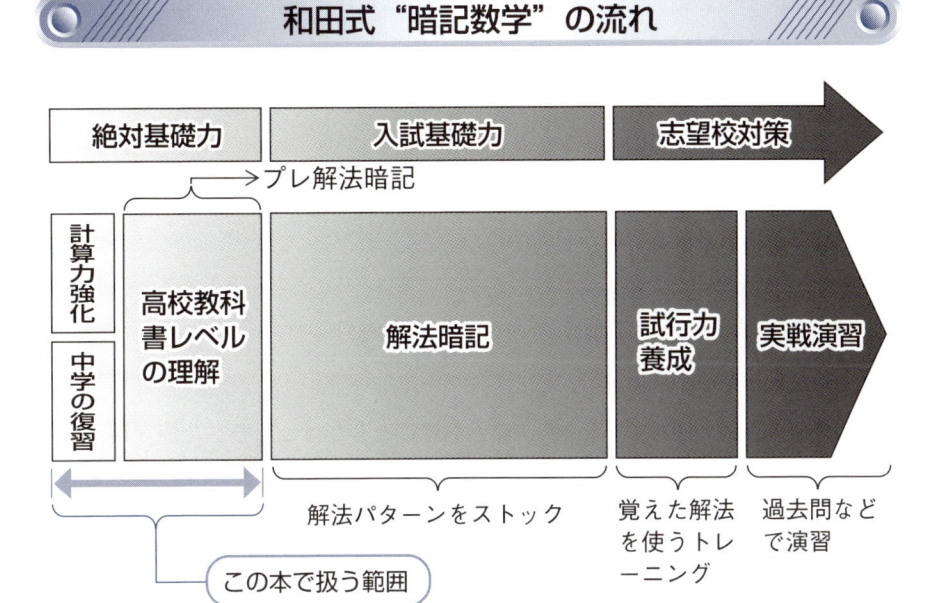

- 計算力強化
- 中学の復習
- 高校教科書レベルの理解 → プレ解法暗記
- 解法暗記（解法パターンをストック）
- 試行力養成（覚えた解法を使うトレーニング）
- 実戦演習（過去問などで演習）

この本で扱う範囲

　「解法暗記」では、**計算過程まで含めて丸暗記することは、ほとんど不可能**だし、意味がない。つまり、模範解答を見て覚えるといっても、計算部分は自分の手で行う必要があるのだ。そうすると、計算力がない人は、解法を1つ覚えるのにも時間がかかり、「解法暗記」が効率よく進まない。

　そこで、《絶対基礎力》では「計算力強化」が大きな課題となる。28ページの判定で「①小学算数＋中学数式計算」が**12点以下**だった人は、まずはここから鍛え直す必要がある。

▶ 中学数学の"穴"を埋めないうちは、高校で習う数学についていけない！

　「解法暗記」を効率よく進めていくもう1つの条件は、中学3年間で習ってきた数学がきちんと身についていることだ。以前もお話ししたように、数学は「前に習った知識を使って、新しいことを理解し習得する」典型的な"積

み上げ型"の教科だ。中学時代に習ってきたことが身についていなければ、当然のことだが高校で習う数学は理解できない。

　たとえば、高校の数学Ⅰで習う「2次関数」は、中学で習う「方程式」や「関数」の理解の上に成り立っている。ところが、授業についていけない高校生の多くは、「まじめに授業を受ければわかるはず」とは思っても、「中学数学で残してきた"穴"を埋めよう」という発想にならない。

　そこで、まずは28～29ページの判定結果を「素直に受け入れる」ところからはじめてほしい。「中学数学の復習」が必要かどうかを学年別・分野別にチェックするのが目的だ。ここで「復習の必要あり」と判定されてもへこむことはない。むしろ、**「いま、やるべきこと」がはっきりした点を喜んでいい**くらいなのだ。中学復習の方法については、3章の198～201ページでお話しするので、しっかり食らいついてほしい。

◆ 教科書レベルがあやしいと、「解法暗記」にはいれない！

　中学時代の"穴"さえ埋めてしまえば、高校数学にスムーズに接続することができる。ただし、いきなり「青チャート」のような受験用参考書で効率よく「解法暗記」ができるかというと、ちょっときびしい面もある。

　というのも、入試レベルの受験参考書は、「高校の教科書レベルのことがわかっている」という前提で書かれているため、教科書レベルの基本事項がアイマイだと効率よく「解法暗記」を進められないからだ。

　和田式"暗記数学"では、このギャップを解消するために「**プレ解法暗記**」を設定する。ここでは、高校の教科書レベルの内容がわかりやすく書かれた参考書を使って、ひととおりの知識と最低限の基本的な解法を覚える。

　3章では「プレ解法暗記」を終えるところまでの勉強法を扱うが、これをもって数学の《絶対基礎力》が完成する。

2章

英語の絶対基礎力をつける！

絶対基礎力がつく勉強法・英語《実践編》
ベストな参考書をベストに使って一気に飛躍！

◆ 短期間で"本格派"の実力をつけよう

　この章では、ほぼゼロからスタートして、7か月で《入試基礎力》の入口まで一気に駆け上がるプランを紹介する。もちろん、ある程度力がある人であれば、もっと短くてすむ。**「スピード重視＋本格的な解釈力の養成」**という欲張った目標をかかげ、達成するためのベストな参考書を厳選した。そのうえで、各参考書の"ベストな使い方"を丁寧に伝えていく。

　スピード重視のために、「基礎体力期」と「読み込み期」を並行させていくが、全体を通してヤマ場となるのはLEVEL 2だ。ここでメインに使う『ビジュアル英文解釈PARTⅠ』（駿台文庫）はかなり密度が濃く、最初は取っつきにくく感じるだろう。しかし、この参考書に食いついていけるかどうかが、プランの成否を左右する。そのことを肝にめいじて、がまん強く取り組んでほしい。

◆ この勉強法で「解釈力」をセンターレベルに！

　LEVEL 3では実際の入試英文を題材に、読解ノウハウを一気に習得する。ここまでを終えると、少なくとも「解釈力」に関してはセンターレベルに達する。ただし、速読力と語い力に関しては、このプランではやや不足する。

　そこで、このあとはセンターレベル前後の"精読"（メイン）から読み込みを続け、入試レベルの単語集や文法・語法問題集を並行させる（サブ）。詳しくは、この本の"続編"的な位置づけでもある拙著**『伸びる！英語の勉強法』**（瀬谷出版）を参考に"読み込み英語"を継続してほしい。

和田式・英語《絶対基礎力強化》特別カリキュラム

		メイン			サブ	
絶対基礎力	1ヶ月目	LEVEL1 (本書41ページ)	『くもん英文法』	文法 / 中学復習期	語い	『VITAL 1700』
	2ヶ月目		『くわしい英文法問題集』			
	3ヶ月目	LEVEL2 (本書97ページ)	『やさしい解釈』	基礎体力期 / 精読 / 読み込み期	構文暗記	『セレクト70』 / 基礎体力期
	4ヶ月目		『ビジュアルⅠ』			
	5ヶ月目					
入試基礎力	6ヶ月目	LEVEL3 (本書147ページ)	『入門解釈70』	精読	速読	『速単入門』
	7ヶ月目					

（※「英文をひたすら読み込み、力をつける」）

メイン
『SUPER STEP くもんの中学英文法』（くもん出版）
『くわしい問題集　英文法　中学1～3年』（文英堂）
『高校　とってもやさしい英文解釈』（旺文社）
『ビジュアル英文解釈 PART I』（駿台文庫）
『入門英文解釈の技術70』（桐原書店）

サブ
『VITAL1700 英単語・熟語』（文英堂）
『セレクト70 英語構文』（文英堂）
『速読英単語　入門編』（Z会出版）

絶対基礎力がつく勉強法・3つのポイント《英語編》

1 "音読重視"の勉強法を確立する！

「中学復習期」「基礎体力期」を通して、初期の段階では、とくに"音読"を重視してほしい。音読は、英文への"慣れ"をつくり、記憶に残りやすくする効果がある。

最近の研究でも、脳を活性化して集中力を高める音読の効果が実証されている。音読による勉強法をぜひ確立してほしい。

2 「覚えるべきこと」は割り切って暗記する！

基礎をかためる段階では、「覚えておかなければどうしようもないこと」がたくさん出てくる。

LEVEL1とLEVEL2を通して、暗記すべき英文はかなりの数になるが、つべこべ言わずに割り切って覚えよう。暗記のストックが増えてくれば、かならず目に見える効果が出てくる。

3 かならず毎日、継続して取り組む！

大切なのは、「毎日コツコツ続けること」だ。これが《絶対基礎力》強化の最大のポイントになる。

英語にしても数学にしても、実は3時間がんばる日とまったくやらない日があるよりも、毎日1時間続けるほうが、ずっと力がつきやすくなる。1週間の合計の勉強時間が同じでも、だ。とくにこのプランの初期は、「暗記」の比重がかなり高い。暗記効率を高めるには、「継続と反復」しかないのだ。

土日も含めて、「毎日かならず机に向かう習慣」をつけよう。

LEVEL 1

中学英語を完璧にする速攻トレーニング

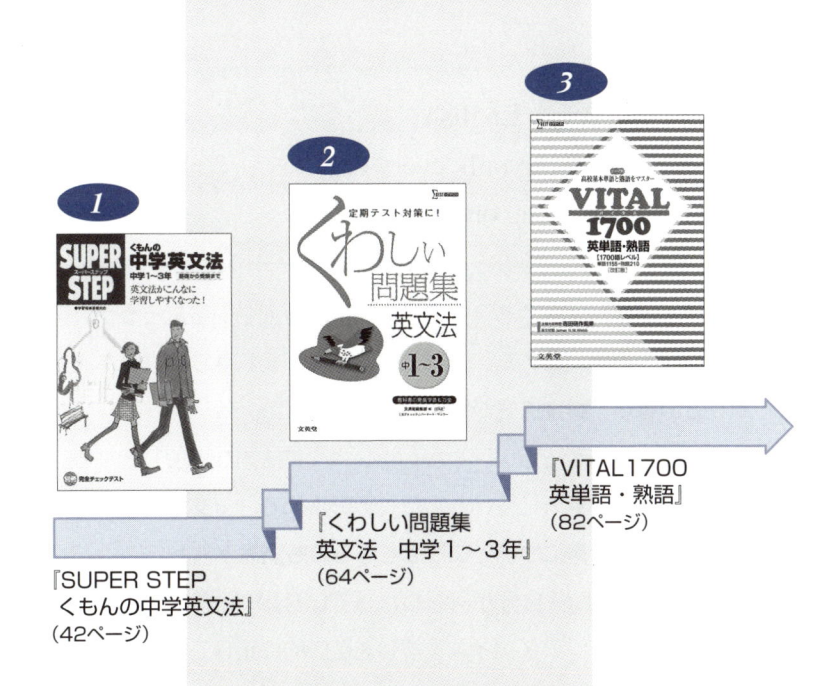

1 『SUPER STEP くもんの中学英文法』
（42ページ）

2 『くわしい問題集 英文法 中学1〜3年』
（64ページ）

3 『VITAL 1700 英単語・熟語』
（82ページ）

Best Selection 1　　　　　　　　　　●中学英語の復習●

受験英語の「基礎の基礎」を6週間で完全理解！

『SUPER STEP くもんの中学英文法』（くもん出版）

略称「くもん英文法」

Purpose この本を使う目的

"あいまい"な理解を根こそぎ修復する！

　英語が苦手な人に共通するのは、「『自分が何をわかっていないのか』がよくわかっていない」点にある。たとえば、下の英文を見てほしい。すべて『くもん英文法』からの引用で、カッコ内は載っているページを示す。

---

1. Are you speak English? ……………………(p.30)
2. She is drinking milk every day. ……………(p.52)
3. There is my bag on the desk. ………………(p.52)

　「読んだけど、何か問題でも？」と不思議に思う人もいるだろうが、実はすべて文法的にまちがった英文なのだ。3などは、英語がそれなりに得意な人でも、どこがまちがっているか、誤りに気づかないかもしれない。

　中学英語はたしかにやさしい。しかし、いざ「文法的な理解」となると、アイマイになっていることが意外に多いものだ。そのままでは、**文法的な説明の多い高校の授業や受験用の参考書についていけなくなるのも当然**と言っていい。

　心当たりがある人は、「自分が何をわかっていないのか」を自覚するためにも、中学の英文法に戻って"アイマイな理解"を徹底的に正しておこう。その目的で使う参考書として、ここで紹介する『くもん英文法』がベストの1冊となる。

● LEVEL 1　中学英語 ●　『くもん英文法』

Good Point　この本の特長

「理解重視」型の親切な解説と構成で無理なくレベルアップできる

　『くもん英文法』は、アルファベットからはじまり、中学の英文法を網羅したうえで、最終的には高校初級程度の内容にまで踏み込んでいる。

　最大の長所は、論理的でわかりやすい解説にある。「理解させる」ことに重点を置いているのだ。どんなに英語が苦手でも**「きちんと読めば、絶対に理解できる」**点で、この参考書の右に出るものはない。

　構成面での親切さも光っている。「1STEP＝1ページ」の見開き構成（60ページ参照）はシンプルで、習得すべきポイントが明確に示されているため、頭にはいりやすい。

　前に習ったことに新しい知識を加えながら、無理なくレベルを上げていく単元別の配列も、英語をやり直そうという人にピタリとくる。

Cautions　勉強するときの注意点

"暗記部分"は別の本で補強しよう

　「理解重視」のつくりはすばらしいが、全体のボリュームはどうしても多くなる。1冊最後までやり遂げるには、忍耐力が必要となるだろう。

　だが、そもそも中学3年間でやり残してきたことをたった6週間で埋めるという"虫のいい話"なのだから、「ラクできないのは当たり前」と覚悟して取り組んでほしい。

　もうひとつ、「理解重視型」の参考書の宿命として、「暗記」の部分が手薄になっている点に注意しよう。中学レベルに戻る必要があるのは、「中学時代に"当然覚えておくべきこと"を覚えてこなかった」からでもあり、「理解できたから卒業」というわけにはいかない。そこで、手薄な"暗記部分"は、あとで紹介する**『くわしい問題集　英文法　中学1～3年』（文英堂）**で補強していこう。つまり、**この2冊はワンセット**として考えるのだ。

For Whom この本で学ぶべき対象者

「簡易診断表」を使って
自分の英語力をチェックしてみよう

　中学英文法からやり直す必要がある高校生は、実はかなりの割合でいるはずだ。地元で「進学校」と呼ばれる高校でも4〜5割、無名校なら7〜8割の生徒があてはまると推測できる。

　ところが、実際に中学レベルに戻ってやり直す高校生は、ほとんどいない。「中学英語に戻る」という発想が出てこないことに加えて、「簡単すぎてムダ」「そこまではヒドくはない」などと勝手に思い込んでいる人があまりに多いからだ。

　そこで、中学英文法に戻る必要があるかを簡単に判定できる「診断表」を用意した。下の表にある10の質問項目で**「Yes」が6個以上あった人は、ためらわずに『くもん英文法』から勉強をスタートさせよう**。

　6個未満でも、英語をきちんとやり直したい人（とくに高1、高2生）は、ここからはじめてほしい。

対象レベル簡易診断表

	Yes	No
01. 中学のころから英語が苦手で、成績もずっとよくない。	☐	☐
02. 中学時代、試験範囲の英文を丸暗記したことがない。	☐	☐
03. 模試では英語の偏差値が50を切ることがある。	☐	☐
04. 形容詞と副詞のちがいがよくわからない。	☐	☐
05. 自動詞と他動詞のちがいがよくわからない。	☐	☐
06. 句と節のちがいがよくわからない。	☐	☐
07. study, stop, speak の過去形を正しく書けない。	☐	☐
08. 42ページの2の英文の誤りがわからない。	☐	☐
09. 'He made her cry.' を正しく訳せない。	☐	☐
10. 'I have little money.' を正しく訳せない。	☐	☐

● LEVEL 1　中学英語　●　『くもん英文法』

こう進めよう！学習計画 Best Plan

この最速プランで確実な効果を手にしよう

　『くもん英文法』は全14章、178ステップで構成されているが、これを6週間で終える計画を立てる。

　基本単位は1週間で、月曜から土曜までの6日間はどんどん先に進み（「進む勉強」）、日曜日はその週にやったことを復習する日（「週間復習日」）とする。

月〜土曜日	**進む勉強** =	最初から順に『くもん英文法』をやっていく（1日どれくらい進めるかは47ページ参照）
日曜日	**週間復習日** =	その週にやったことを復習する

　この「6進1復」×6週間のペースで『くもん英文法』を終えたら、7週目からはドリル形式の『くわしい問題集　英文法　中学1〜3年』（文英堂）にはいろう。期間は2週間で、ここでは全体の復習をしながら、「覚えるべきこと」を確実に頭にたたき込んでいく。

　この2冊の本で中学英語の"穴"を修復したときが、晴れて"受験勉強のスタートライン"に立てるときだと思ってがんばってほしい。

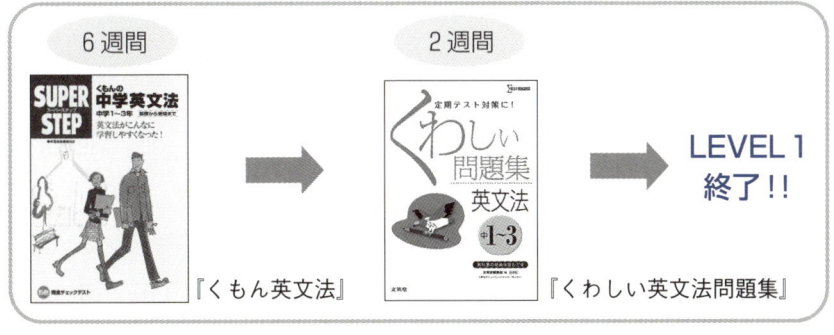

6週間　『くもん英文法』　→　2週間　『くわしい英文法問題集』　→　LEVEL 1 終了!!

【左の表の解答】 07. studied, stopped, spoke
09. 彼は彼女を泣か［叫ば］せた。
08. 「現在の習慣」を表すときは現在形を使う。
10. 私はほとんどお金を持っていない。

「1日平均4STEP」のペースで進めよう

勉強を進めるスピード

右の表は、『くもん英文法』を仕上げるための具体的なペースを示した勉強計画表だ。初日以外は「1日4STEP」または「1日6STEP」をノルマとして進める。

計画の初日に取り組む第1章（STEP1～20）は、'I know Mary.''He has a camera.''Do you speak English?' など、超基本的な例文を題材とするかなりやさしい内容になっている。ほとんどの人は、ひととおりざっと読んで内容を理解するだけで十分だろうから、ここは1日で片づけてしまうのが効率的だ。

ただし、内容的にやさしいものの、第1章では意外に"アイマイな理解"のまますませてしまっている文法上のポイントが多いので注意しよう。具体的な使い方は48ページ以降にまとめておいたので、参考にしてほしい。

ちょっと大変だけど、1STEP15分、「1日平均90分」をめざそう

1日の勉強時間

1日の勉強時間は、「1STEP15分」「1コマ平均90分」くらいと考えて、つぎのように進めよう。

① 前日の復習〔10分〕 ➡ ② 当日のノルマ消化〔60～90分〕 ➡ ③ その日のまとめ〔10分〕

もちろん、「当日のノルマ」の量によって時間は変わる。たとえば、「当日のノルマ」が4STEPの場合は4×15＝60分（合計80分）、6STEPの場合は6×15＝90分（合計110分）となる。

ただ、「1日6STEP」の日でも、慣れてくれば90分前後で終わらせることも十分可能だし、逆に「1日4STEP」の日でも、苦手な分野だと90分以上かかることもあるだろう。そのあたりは柔軟に対応しよう。

● LEVEL 1　中学英語 ●　『くもん英文法』

『くもん英文法』攻略プラン

		月	火	水	木	金	土	日
1週目	STEP番号 （ページ数）	1〜20 （20）	21〜24 （4）	25〜28 （4）	29〜32 （4）	33〜36 （4）	37〜40 （4）	週間 復習
	章	1	2　動詞と助動詞					

		月	火	水	木	金	土	日
2週目	STEP番号 （ページ数）	41〜44 （4）	45〜50 （6）	51〜56 （6）	57〜62 （6）	63〜66 （4）	67〜70 （4）	週間 復習
	章	3　名詞と代名詞			4　冠詞と形容詞と副詞			

		月	火	水	木	金	土	日
3週目	STEP番号 （ページ数）	71〜76 （6）	77〜82 （6）	83〜86 （4）	87〜90 （4）	91〜96 （6）	97〜102 （6）	週間 復習
	章	5　文型・さまざまな文				6　比較表現		

		月	火	水	木	金	土	日
4週目	STEP番号 （ページ数）	103〜106 （4）	107〜110 （4）	111〜114 （4）	115〜118 （4）	119〜122 （4）	123〜126 （4）	週間 復習
	章	7　受け身		8　現在完了			9	

		月	火	水	木	金	土	日
5週目	STEP番号 （ページ数）	127〜130 （4）	131〜134 （4）	135〜138 （4）	139〜142 （4）	143〜146 （4）	147〜150 （4）	週間 復習
	章	9　句で表す			10	11　前置詞		

		月	火	水	木	金	土	日
6週目	STEP番号 （ページ数）	151〜154 （4）	155〜160 （6）	161〜164 （4）	165〜168 （4）	169〜172 （4）	173〜178 （6）	週間 復習
	章	12　接続詞		13　関係代名詞		14		

※月曜以外の曜日からはじめても、基本は日曜を復習日とすること。平日はこの表にあるSTEPの数だけとにかく進むこと。

How To Use 中学英文法がかならず身につく！『くもん英文法』の上手な使い方

1日目の勉強法

まずは1章を通読しよう　　勉強時間 120分

　まず、計画初日は「第1章の通読」をしよう。ただ、ここはなんとなく読むだけでは、重要なポイントを見落とすおそれがある。そこで、チェックすべき重要項目を下にあげておくので、活用してほしい。

◆ 1章はココをチェック！ ◆

1．文法用語の理解
　　目的語（STEP 4）／　補語（STEP 5）
　　他動詞・自動詞（STEP 4）
　　人称（STEP 6 と11の「NOTE」）
2．品詞の概念と働き
　　動詞・名詞（STEP 3・9）
　　形容詞・副詞（STEP13～16）　→区別できるように！
3．その他のポイント
　　人称代名詞（STEP11・12）
　　be動詞（STEP 5・6）
　　「3単現の-s」のつけ方（STEP 7・8）

　すでに知っていることは飛ばし読みしてもいいが、アイマイに理解しているところは、念入りに読んで頭にたたき込もう。通読を終えたら、『くもん英文法』に付いている「別冊・完全チェックテスト」と、右の「1章のチェックポイント」を解く。
　まちがえたところや理解が不十分なところは、そのページに戻って復習し、翌日、もう一度チェックしておこう。

● LEVEL 1　中学英語　●　『くもん英文法』

『くもん英文法』1章のチェックポイント

1 次の各英文の下線部は、自動詞・他動詞のどちらか。　☞ STEP4、15
　(1)　I walk.　　　　　　(2)　You have a camera.
　(3)　They like soccer.　(4)　Tom studies hard.

2 次の各英文の下線部は、形容詞・副詞のどちらか。　☞ STEP13〜16
　(1)　I have a red bike.　(2)　She studies hard.
　(3)　She is a very kind girl.
　　　　　　　①　　②

3 次の各英文の空欄に適切な be 動詞の現在形を書け。　☞ STEP 5、6
　(1)　I (　　) a teacher.　(2)　You (　　) a student.
　(3)　The dog (　　) cute.　(4)　They (　　) my brothers.

4 次の人称代名詞を書け。　☞ STEP11、12
　(1)　1人称・単数・目的格　(2)　2人称・複数・主格
　(3)　she を複数形に　(4)　目的格の it を複数形に

5 次の各英文の下線部を、主語に合わせて正しい形に書き直せ。　☞ STEP 7、8
　ただし、そのままでいい場合もある。また、すべて現在形とする。
　(1)　She know Kate.　(2)　You sing well.
　(3)　Tom have a camera.　(4)　She teach English.

6 次の各英文を(1)は疑問文と否定文に書き換え、(2)は文法的な誤　☞ STEP17〜20
　りを見つけて指摘・訂正せよ。
　(1)　He plays the piano.　(2)　This flower is a beautiful.

解答
1 (1) 自動詞　(2) 他動詞　(3) 他動詞　(4) 自動詞
　他動詞はあとに目的語（〜を、〜に）がくるが、「自動詞」はこない。
2 (1) 形容詞　(2) 副詞　(3) ① 副詞　② 形容詞
3 (1) am　(2) are　(3) is　(4) are
4 (1) me　(2) you　(3) they　(4) them
5 (1) knows　(2) sing　(3) has　(4) teaches
6 (1) 疑問文　Does he play the piano?
　　　　否定文　He doesn't（does not）play the piano.
　 (2) "a" をとる。（正しくは This flower is beautiful.）

平日の勉強法（2日目から）

「1日の勉強の流れ」をもう一度見てみよう

　さて、勉強計画の最初の日に1章の通読を終えたら、じっくり取り組む勉強態勢をつくる。2日目からの「1日の勉強の流れ」は、つぎのようになる。前にも説明したが、もう一度確認しておこう。

前日の復習〔10分〕　→　当日のノルマ消化〔60～90分〕　→　その日のまとめ〔10分〕

　ここでは、まずメインになる「当日のノルマ消化」のやり方を説明してから、「その日のまとめ」→「前日の復習」の順に説明する。
　なお、A5判のノート（横148ミリ×縦210ミリ）を1冊用意しておく。

「当日のノルマ消化」のやり方　　1STEP15分

1　冒頭の「例文」と「和訳」を2回ずつ音読し、ノートに書き写す

　例文と和訳を2回ずつ声にだして読み、その下の指マーク（☞）の解説を読む。読んだら、自分のノートの左ページに英文、右ページに和訳を書き写し、ノートに書いた例文と和訳を再度声にだして読む。

> ◆ココに注意して進めよう！◆
> - 例文の意味がピンとこないときは、右側に示されているステップ番号に戻って確認してから再度読む。
> - 指マークの解説を読みながら、2つの例文のちがいを理解する。
> - ノートに書き写した例文と和訳の左に、チェック用の□を3つ書いておく。

● LEVEL 1　中学英語 ●　『くもん英文法』

「当日のノルマ消化」のやり方①

▼『くもん英文法』

第2章 動詞と助動詞

CHECK！ 33　34

STEP 34

You **can** speak English.
（あなたは英語を**話す**ことが**できる**）

→ STEP 33

You **must** speak English.
（あなたは英語を**話さなくてはならない**）

> 上の文では、助動詞 can（～できる）がつかわれています。
> 下の文では、べつの助動詞 must（～しなくてはならない）がつかわれています。このように、さまざまな助動詞をつかうことによって、動詞の意味に広がりがでてきます。

ポイント1　助動詞 must は、①「～しなければならない」という"義務""必要""命令"の意味と、②「～にちがいない」という"推測"の意味を表します。

You **must** go now.
（あなたは**もう行かなければならない**）
I **must** finish my homework.
（私は**宿題をおえなければならない**）

must

例文を読んで、意味がピンとこないときは、ここへ戻って復習

① 2つの例文と和訳を2回ずつ音読

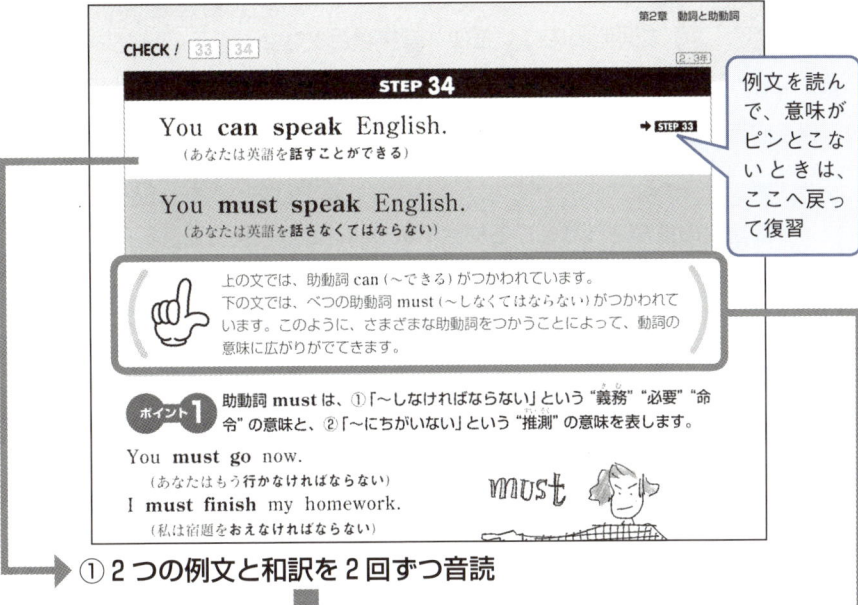

② 解説を読んで2つの例文のちがいを理解したら、専用ノートに例文と和訳を書く

▼自分のノート

No. Date ・ ・		No. Date ・ ・	
3月16日　**日付・ステップ番号**			
STEP34		**1行おきに書く**	
□□□	You can speak English.	□□□	あなたは英語を話すことができる。
□□□	You must speak English.	□□□	あなたは英語を話さなくてはならない。
チェック欄を3つ			
STEP35			
□□□	I can speak English.	□□□	私は英語を話すことができる。
□□□	I can't speak English.	□□□	私は英語を話すことができない。

2 『くもん英文法』を読みながら書き込みを入れ、最後に通読する
①「ポイント1」「ポイント2」を熟読し、例文を読む

　ポイント1と**ポイント2**は、上段の例文に関連する重要な「文法ルール」を説明しているところなので、「例文暗記」につぐ重要な習得項目となる。ここの例文は書き写す必要はないが、やはり英文と和訳は2回ずつ声にだして読み、「ポイント」で示されている内容をしっかり理解しよう。

> ◇ ココに注意して進めよう！ ◇
> - 解説文の重要そうなところには下線や印をつけ、例文を読み直しながら丁寧に確認していく。
> - 例文の最後にある「●」の部分はつい読み流してしまいがちだが、実は重要なことが書かれているので、丁寧に理解する。

②「NOTE」で"意外な盲点"をチェック

　一番下に「NOTE」があるページでは、やや発展的なことや意外に盲点になっていることが書かれている。知らなかったところに赤ペンで下線を引いて、目立つようにしておく。例文があれば、同じく2回音読する。

③すべての例文を音読して終了

　最後に、そのページの上から下まで、すべての例文のみを1回ずつ音読して1STEPの勉強を終える。むずかしく感じるSTEPなら、ここまでで20～25分かけてもいい。

> ◇ ココに注意して進めよう！ ◇
> - 例文を音読するときは、意味（和訳）がパッと出てくるかどうかをチェックする。
> - アイマイな例文は、後日重点的に見直すための印をつける。

「当日のノルマ消化」のやり方②

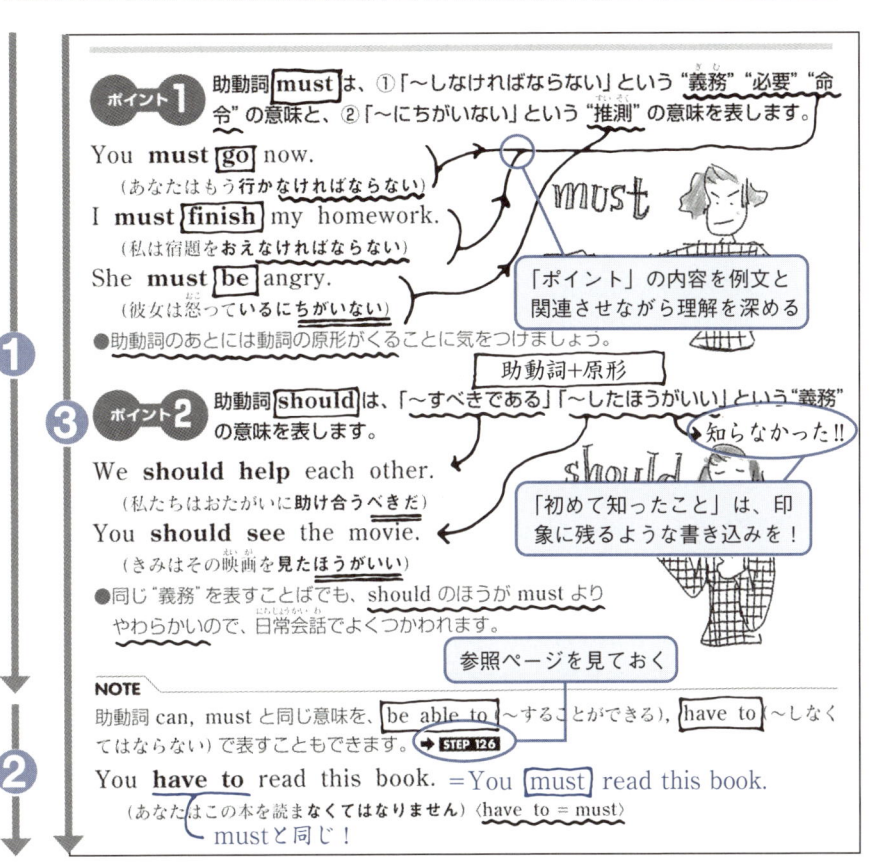

ポイント1 助動詞 must は、①「～しなければならない」という"義務""必要""命令"の意味と、②「～にちがいない」という"推測"の意味を表します。

You must **go** now.
（あなたはもう**行かなければならない**）

I must **finish** my homework.
（私は宿題を**おえなければならない**）

She must **be** angry.
（彼女は怒っている**にちがいない**）

● 助動詞のあとには動詞の原形がくることに気をつけましょう。

助動詞＋原形

ポイント2 助動詞 should は、「～すべきである」「～したほうがいい」という"義務"の意味を表します。

知らなかった‼

We should **help** each other.
（私たちはおたがいに**助け合うべきだ**）

You should **see** the movie.
（きみはその映画を**見たほうがいい**）

● 同じ"義務"を表すことばでも、should のほうが must よりやわらかいので、日常会話でよくつかわれます。

参照ページを見ておく

NOTE
助動詞 can, must と同じ意味を、be able to（～することができる）、have to（～しなくてはならない）で表すこともできます。 → **STEP 126**

You **have to** read this book. ＝You **must** read this book.
（あなたはこの本を**読まなくてはなりません**）〈have to ＝ must〉
　must と同じ！

「ポイント」の内容を例文と関連させながら理解を深める

「初めて知ったこと」は、印象に残るような書き込みを！

1 ポイントを読み、例文を2回音読する
重要だと思ったところに下線やカコミを加える。訳を読み、「ポイント」の内容を例文で確かめ、適宜書き込みを加える。

2 「NOTE」を読む
知らなかったことや重要ポイントに書き込みを入れる。例文があれば2回音読する。

3 すべての例文を音読
最初から通して、例文だけを1回ずつ音読する。

●「その日のまとめ」のやり方　　10分

1 〈英文⇔和訳〉の"双方向チェック"を！

「当日のノルマ」をすべて終えたら、最後の10分を使って、ノートに書き写した例文のチェックを行う。順番は①〈英文→和訳〉、②〈和訳→英文〉だ。

①〈英文→和訳〉

まず、ノートの左半分に書き写したすべての英文（8〜12例文）を1回声にだして読み、つづけてその和訳を言ってみる。正しい和訳を言えたら、左側のチェック欄に○をつけ、言えなかったら×を記入する。

②〈和訳→英文〉

つぎは右ページに書き写した日本語の文を見て、英文が言えるかどうかをチェック。できたものには○、できなかったものには×をつける。×が1つでもついたものは「週間復習日」（56ページ）での重点チェック項目になる。

◆ココに注意して進めよう！◆

- 例文暗記を綿密に行いたい人は、〈和訳→英文〉では、ただ読むだけでなく、英文を実際に書いてチェックしよう。紙は安いコピー用紙でもなんでもいい。英文を暗唱するより多少時間はかかるが、つづりの確認も含めて、より確実に記憶に定着させることができる。「書く」ことは、「暗記」するうえで効果的な作業となる。

ここまでで「1日の勉強」を終え、翌日からは、最初に「前日の復習」からはいって、「当日のノルマ消化」→「その日のまとめ」の順で進めよう。

●「前日の復習」のやり方　　10分

「前日の復習」は、「その日のまとめ」と同じやり方だ。つまり、①ノートを見ながら前日書き写した英文を音読 → ②英文を見て和訳 → ③和訳を見て英文を暗唱、の順で進める。なお、計画2日目の「前日の復習」では、1章の「チェックポイント」（49ページ参照）を、本文に戻って再チェックしておこう。

「その日のまとめ」のやり方

1. ノートの例文をすべて1回ずつ音読する

```
No.                              No.
Date  ・ ・                       Date  ・ ・

3月16日
STEP34
□□□  You can speak English.      □□□  あなたは英語を話すことができる。
  ⇨ 音読「ユー キャン スピーク イングリッシュ」
□□□  You must speak English.     □□□  あなたは英語を話さなくてはならない。
  ⇨ 音読「ユー マスト スピーク イングリッシュ」
```

2.《英文→和訳》一文ずつ、英文を和訳する

①左ページの英文を読む（右ページを隠す）

□□□ You can speak English.

　⇨ 音読「ユー キャン スピーク イングリッシュ」

②訳を口で言う

　⇨ 音読「あなたは英語を話すことができる」

③右ページの和訳と照合

　⇨正しく言えたらチェック欄に「○」

□□○ You can speak English.

　⇨正しく言えなかったらチェック欄に「×」

□□× You can speak English.

3.《和訳→英文》一文ずつ、和訳を英文にする

①右ページの和訳を読む（左ページを隠す）
②英文を口にだして、左ページと照合する

　⇨ 音読「ユー キャン スピーク イングリッシュ」 ➡正しい

□□○ あなたは英語を話すことができる。　　　←チェック欄に○

　⇨ 音読「ユー マスト スピーク<u>ス</u> イングリッシュ」 ➡まちがい

□□× あなたは英語を話さなくてはならない。　←チェック欄に×

日曜日の勉強法（週間復習日）

●「週間復習」のやり方　　100分

　日曜日には、月曜から土曜までの6日間に進んだ範囲の総復習をする。この「週間復習」には、100分前後を確保して、つぎの 1 〜 3 の順に進めていこう。

1 「別冊・完全チェックテスト」を解く〈30分〉

　6日間に進んだ範囲について、『くもん英文法』の「別冊・完全チェックテスト」を解いて答え合わせをする。ここには、直接書き込んでOK。本文に載っている例文から出題されているので、もしまちがえた場合は、かならずそのSTEPに戻って、確実に覚えるようにする。

2 《和訳→英文》を紙に書いてチェック〈60分〉

　6日間でノートに書き写した例文数は60近くになるが、右ページの和訳を見て、別の紙にその英訳を書いていく。20例文くらいになったら、いったん答え合わせをして、合っていたら「○」をつける。まちがっていたら「×」をつけ、訳と見比べながら正しい英文を2〜3回音読する。

　同じ作業をあと2回ほどくり返して、すべてのチェックを終えたら、「×」がついた例文だけをすべてひろい出し、同じように《和訳→英文書き出し》のチェックをする。ここでも「×」がついたものは、何度も音読したり紙に書いたりして、その場で覚える努力をする。

　やり方については、次ページにまとめておいたので、参考にしてほしい。

3 「ここでつまずかないように！」を通読〈10分〉

　章末には「ここでつまずかないように！」というページがある。
　ここでは、通読して理解を深めておこう。ただ、内容的にむずかしいものもあるので、すべて理解できなくても問題はない。

● LEVEL 1　中学英語 ●　『くもん英文法』

《和訳⇨英文》書き出しチェックのやり方

1. 右ページの和訳を見て、英文を紙に書き出す

□□○	私は〔1ぴきの〕犬を飼っている。
□□○	私は2ひきの犬を飼っている。
⋮	
□□○	私は観客に彼女を紹介した。
□□×	彼女は観客に彼女自身を紹介した。

1回に20例文くらいずつ一気に行う。
　↓
6日分の例文が60あったら3回に分ける。

2. 左ページの英文を見て答え合わせをする

I have a dog.　○
I have two dogs.　○
　⋮
I int✗roduced her to audience.　（the を挿入）
She int✗roduced ～？ to audience.
　正→introduced herself　the

つづりや冠詞の抜けなども細かくチェックしながら添削。正しい英文を音読する。

3. 正しく書けたら「○」、まちがっていたら「×」をつける

□○○	私は〔1ぴきの〕犬を飼っている。
□○○	私は2ひきの犬を飼っている。
⋮	
□×○	私は観客に彼女を紹介した。
□××	彼女は観客に彼女自身を紹介した。

2つ目のチェックボックスに、○か×を記入する。

4. ×のついたものだけをひろって、もう一度英文を紙に書く
⇨正しく書けたものは○、まちがえたものは×をつける。

| ○×○ | 私は観客に彼女を紹介した。 |
| ×××| 彼女は観客に彼女自身を紹介した。 |

再度×がついたものは音読・書き出しによる暗記作業を徹底！

Q&A

緊急「使い方」相談室
こうすれば、もっとうまくいく！
『SUPER STEP くもんの中学英文法』編

Q 冒頭の2つの例文を暗唱しても、どうも頭に残ったような気がしないのですが、どうすればいいでしょうか。

A 和訳との対応関係に注意して読もう

英語の例文を読むときは、和訳との対応に注意するのがポイントだ。例文の語順を和訳の語順と比較して、英文のどの部分（あるいは単語）が和訳のどの部分と対応して、そのような意味になっているのかを理解しながら読むといい（下の例を参照）。

こうすることで、ただ漫然と読むよりも、英文に向かう注意力が増して、はるかに記憶に残りやすくなる。

She introduced herself to the audience.
（彼女は観客に彼女自身を紹介した　→　自己紹介をした）
《STEP50より》

Q 重要なことはノートに書き込んだほうがいいですか。

A 書き込むなら、ノートよりも本のほうが効果的

ノートは例文の暗唱・確認の目的だけに使うので、原則として書き込みはしない。そのかわり、本のほうには気づいたことを何でも書き込むようにしよう。ただし、あちこちに線を引きまくったり、何色ものペンを使ったりすると、あとで見直したときにどこが重要なのかがわからなくなってしまう。そこで、使う色は、青と赤など2色以内にとどめ、やたらに線を引かないようにするのがポイントだ。

> **Q** 「すべての例文を暗唱する」とありますが、声にださずに読むのではだめでしょうか。

A "耳による理解"が、言語習得の早道

そもそも、言語は「耳で覚える・理解する」要素が強い。幼児が大人の言葉をマネしながら言語を習得していくのと同じだ。英文を声にだして読むことで、英語特有の語順や言いまわしなどが「音」としても記憶に残り、黙読よりも記憶の定着がよくなる。だから、音読はぜひ実践してほしい。

> **Q** 知らない単語が出てきたときは、どうすればいいですか。

A できれば辞書で調べて、意味などを書き込もう

知らない単語があっても、和訳を見れば意味はすぐに推測できるので、勉強を進めていくうえで大きな支障はない。

ただ、できれば、辞書の扱いに慣れる意味も含めて、英和辞典で意味を調べてみると、記憶への定着率もよくなる。調べた意味は、例文の近くの余白に書き込んでおこう。それが動詞なら、語形変化（cut-cut-cutなど）も書き添えておくといい（60ページ参照）。

> **Q** 本文のどんなところに注目して書き込めばいいのですか。

A 2つの例文の「ちがい」に注目！

つぎのページに具体例を示したので、これを見ながら説明を聞いてほしい（→62ページにつづく）。

2 現在完了の用法(1) 完了・結果

STEP 115

He **went** to New York.
(彼はニューヨークへ行った) → STEP 22
このちがいに注意！

He **has gone** to New York.
(彼はニューヨークへ行ってしまった〔いまここにいない〕)

> 上は、単なる過去の事実を表す文です。go の過去形 went がつかわれています。 goedではない
> 下の文は、has gone と"現在完了"の言い方になっています。「行ってしまって、いまはここにいない」という意味を表しています。

ポイント1 現在完了には、「(いま)〜したところだ」というように、たったいま動作が完了したことを表すつかい方があります。この場合、しばしば副詞の **just**（ちょうど）をともないます。

I've (just) finished my homework.
(私はいまちょうど宿題をおえたところです) 〈I've は I have の短縮形〉

He has (just) arrived.
(たったいま彼が到着しました)

● just は have や has のすぐあとにおきます。

☆注意!!

ポイント2 現在完了には、「(すでに)〜してしまった」というように、動作が完了して、その結果がいまのこっていることを表すつかい方があります。

I've (cut) my thumb. cut - cut - cut (不規則変化) 発音は「サム」
(ぼくは親指を切ってしまった〔いま痛い〕)

I've lost my pass holder.
(私は定期入れをなくしてしまった〔いまない〕)

Kate has (already) eaten the cake.
(ケイトはもうケーキを食べてしまった)

He has (already) arrived.
(彼はすでに到着した)

● 副詞の already（すでに、もう）は have や has のすぐあとにおきます。
justと同じ！

NOTE
上の2つのつかい方を合わせて〈完了・結果〉の用法といいます。例文をなんども口ずさみながら、この用法の表す"感覚"をつかんでしまいましょう。

138

【書き込みガイド】
- 上下の例文のどこがちがうのか、英語と日本語がどう対応しているのかに注目して書き込む
- 「ここは！」と思ったところにはどんどん下線を引く
- ポイントとなりそうな単語は○で囲むとより目立つ
- 「●」にも意外に大切なことが書かれている
- 発音がわからない単語は、辞書を引いて確認

● LEVEL 1　中学英語 ●　『くもん英文法』

深める書き込みのコツ

第8章 現在完了

CHECK！ 115　116

STEP 116　(3年)

I have (already) read the book.　→ STEP 115
（私はその本を<u>もう**読んでしまった**</u>）

I haven't read the book (yet).
（私はその本を<u>まだ**読んでいない**</u>）

＞活用形がわからなくなったら、辞書でしっかりチェック！

上は、"完了・結果"の意味を表す現在完了の文です。have read で「読んでしまった」の意味です。（この (read) は過去分詞）　過去形も read！
下は、その否定文です。「まだ読んでいない」という意味になります。
☆副詞が already から yet に変わり、位置もちがいます。　発音は「レッド」!!
　注意!!

ポイント1　《完了・結果》の用法の否定文は、「（まだ）〜していない」というように、まだ動作が完了していないことを表します。この場合、しばしば副詞の <u>yet</u>（まだ）をともないます。

I haven't seen the movie (yet).
（私はまだその映画を見ていない）
Tom hasn't come (yet).
（トムはまだ来ていない）
●yet は文末におきます。already の位置とのちがい (just も)
　に注意しましょう。

＞左ページや、以前のSTEPで習ったことも思い出しながら書きこんでいこう

ポイント2　《完了・結果》の用法の疑問文は、「（もう）〜してしまったか」というように、動作がもう完了したかどうかをたずねる文になります。この場合も、しばしば yet（もう）をともないます。

Have you read the book (yet)? ── Yes, I have.
（あなたはその本は<u>もう</u>**読んでしまいましたか**）　（はい、〔私は〕読みました）
Have you eaten lunch (yet)? ── No, I haven't.
（あなたはお昼ごはんを<u>もう</u>**食べてしまいましたか**）（いいえ、まだです）
●yet は文末におきます。yet は否定文のときは「まだ」と訳しますが、<u>疑問文のときは</u>
<u>「もう」と訳します</u>。
　　　　　　　　　　　　　☆注意!!

＞このように、同じ単語でもちがう用法・意味があるときは要注意!!

NOTE
"完了"を表す疑問文に対して「いいえ」と答える場合、会話ではしばしば次のよう
Has he arrived (yet)? ── No, not (yet).
（彼はもう着きましたか）　（まだです）

＞NOTEも見落とさないように

39

まず、冒頭の例文を読むときに、「2つの例文がどうちがっているのか」を強く意識する。下の"指マーク"の解説には、どうちがうのかがわかりやすく書かれている。ここを読んで、「なるほど、ここがちがうのか」とか「ここは要注意だ」と思ったところに線を引いたり囲ったりして、印象に残るようにすればいい。

　「ポイント」のところでは、説明文中で「これは重要そうだ！」とか「これは知らなかった！」と素直に感じたところに線を引いておく。

　さらに、「使い方」のところでも述べたが、「●」のあとの補足説明には、かなり重要なことが書かれているので、ここを読んだら例文を読み直してみて、「なるほど、そうなのか」と思ったところに印や線を書き込んでおく。

　こうすることで、「何が重要で、何を理解して覚えておかなければならないか」がひと目でわかるようになり、目的意識を持って勉強に取り組めるようになる。ぜひ実践してほしい。

Q
「週間復習日」の《書き出しチェック》で×が2つ以上つく例文がたくさん出てきます。どうすれば完璧に覚えられますか。

A この段階ではそれほど気にしなくても大丈夫

　最終的には、すべての例文で「○」がつくことが目標だが、5〜6割もできていれば問題はない。ただし、《英文→和訳》のチェックのほうは完璧にできるようにしておく。

　実際には、このあとの2週間（『くわしい問題集　英文法　中学1〜3年』に取り組む期間）にも、『くもん英文法』の例文暗記を継続して行う。最終的にはこの期間も含めた2か月後に、95％以上の例文暗記を達成することが目標だ。

● LEVEL 1　中学英語　●　『くもん英文法』

> **Q** 中盤にさしかかってからペースが落ちてしまい、スケジュール通りに勉強が進みません。どうすればいいですか。

A　手抜きは厳禁！　勉強時間を増やして対応しよう

　『くもん英文法』の中盤から後半にかけては、「比較」「現在完了」「分詞」など、英語がそこそこできる受験生でも苦手にしがちな重要単元がひかえている。「1日90分で4STEP」のペースではきついかもしれないが、「この本が卒業できなければ一生英語はできない」くらいの危機感を持って、最後までやり遂げてほしい。

　ただ、手を抜いてスピードを速めても、残るものは少ない。たいへんだろうが、勉強時間を「1日60分×2」に増やすなりして対応してほしい。中学レベルの参考書を1冊仕上げられないようでは、それよりむずかしい入試レベルの参考書をやろうとしても、すぐに挫折してしまうのは目に見えている。

Best Selection 2　　　　　　　　　　　●中学英文法の完成●

「理解」を「実力」に結びつける"基礎知識"が効率よく吸収できる！

文英堂編集部編『くわしい問題集　英文法　中学1〜3年』（文英堂）

略称　『くわしい英文法問題集』

この本を使う目的（Purpose）

「理解」と「知識」をリンクさせて得点力アップ

　『くもん英文法』のような「理解重視型」の参考書で勉強していると、それだけで力がついたかのような"錯覚"にとらわれることがある。だが、**「理解できた」イコール「実力がついた」ではない**ことに注意しよう。

　たとえば、「名詞の複数形には、'-s'や'-es'がつく規則変化と、不規則に変化するものがある」というきまりを「理解した」からといって、テストで点が取れるわけではない。'box, life, baby, foot'などの複数形を実際に正しく書けなければ、話にもならないのだ（ちなみに、それぞれboxes, lives, babies, feetとなる）。

　"最低限の知識"は、とにかく割り切って暗記するしかない。このことは肝にめいじてほしい。

　実際、《絶対基礎力》をかためる段階では、「暗記しておかなければどうしようもない」ことが非常に多い。多少めんどうでも、「暗記」を避けて通っていては、せっかく「理解」したことも「実力」として根づかない。

　ここで紹介する『くわしい英文法問題集』は、『くもん英文法』だけでは不足しがちな"暗記面"を補強するために活用する。同時に、必要に応じて『くもん英文法』に戻って復習しながら、「理解」と「知識」のリンクをより強固なものにしていこう。

『くもん英文法』と2冊合わせて効果倍増！

Good Point この本の特長

『くもん英文法』と組み合わせて使う問題集となると、それほど細かい知識は必要としない。とはいえ、ひととおり全範囲を網羅していなければ意味がない。

こうした観点から選び抜いたのが、『くわしい英文法問題集』だ。中学英文法の全範囲がわずか15単元にまとめられ、ほどよい分量の演習を通して"必要最低限の知識"をサクサクと覚えていけるのがいい。『くもん英文法』とセットで使うことで、お互いの持ち味が活きる。

使いやすい3段階のステップ

Construction この本の構成

『くわしい英文法問題集』の15の単元はすべて、「テストに出る重要ポイント」「重要ポイント確認問題」（2ページ）→「基礎を固める問題」（2ページ）→「力を伸ばす問題」（2〜4ページ）の順に進んでいく。

「テストに出る重要ポイント」は、その単元で押さえておくべき最低限のポイントが整理されて示される。簡潔すぎるきらいもあるが、一度やったことを確認する目的では、むしろこのくらいシンプルなほうが使いやすい。

「基礎を固める問題」は、『くもん英文法』の「別冊・完全チェックテスト」とほぼ同レベルの問題で構成されている。ここを100パーセント完璧に仕上げれば、「受験英語の"基礎の基礎"を身につける」という当初の目的は達成されたものと考えていい。この本の"核"となる最重要ステップなので、がんばってほしい。

「力を伸ばす問題」は、実際の高校入試問題が中心で、意外に手こずるだろう。ただ、現時点ではあまり神経質にならず、力試し程度に考える。あくまでも、「基礎を固める問題」の完全攻略に力をそそぎたい。

途中の「定期テスト予想問題」や巻末の「模擬テスト」は、オマケのようなものなので、ここではあえて取り組まなくていい。

Best Plan こう進めよう! 学習計画

「平日1コマ＋土日2コマ」で、2週間

　「1コマ90分」を勉強時間の基本単位として、月曜から金曜日までの平日5日間は「1日1コマ」、週末の土日は「1日2コマ」を確保しよう。

　日曜日には、かならず復習のコマを入れること。1週目と2週目の日曜日は「週間復習」に1コマずつ、さらに2週目の日曜日の2コマ目は「総復習」の時間にあてる。

　全15単元は「1コマ1単元」ずつ消化していくが、1から順番どおりに進めると、8と9の単元（「不定詞(1)」と「不定詞(2)」）が1週目の日曜日の復習のコマをはさんで、2週目にまたがってしまう。

　そこで、右の表のように少し順序を入れかえる。こうすると、『くもん英文法』の単元配列に近くなっておさまりがよく、疑問点などを『くもん英文法』に戻って復習するときにも便利だ。

Cautions 勉強するときの 注意点

『くもん英文法』の復習も忘れずキッチリ

　『くわしい英文法問題集』は、『くもん英文法』をひととおり終えたあとの2週間を使って仕上げることになるが（45ページ参照）、ここで忘れないでほしいことがある。それは、『くわしい英文法問題集』に取り組みながら、『くもん英文法』の復習もしっかり行うということだ。復習の時間は基本的に1日10分程度でいい。

　『くもん英文法』を6週間で終える計画は、実はけっこうハイペースで、その期間内では十分な復習時間を取れない。一度やったことでも、2週間もたてば、忘れたりアイマイになってしまったりすることが多くなってくる。

　そこで、①『くもん英文法』の例文暗記の復習（10分）、②**疑問点などが出てきたときに『くもん英文法』に戻って再確認する**、という2点をうまく組み込んで進めていく計画を立てよう（くわしくは次項68ページの「使い方」を参照）。

● LEVEL 1　中学英語 ●　『くわしい英文法問題集』

『くわしい英文法問題集』2週間攻略プラン

	曜日		『くわしい英文法問題集』単元		『くもん英文法』の対応章
1週目	月	1	be動詞・一般動詞	1 2	文のしくみ 動詞と助動詞
	火	2	名詞・冠詞・代名詞	3	名詞と代名詞
	水	3	形容詞・副詞	4	冠詞と形容詞と副詞
	木	4	疑問文のいろいろ	5	文型・さまざまな文
	金	5	現在・過去・未来	2	動詞と助動詞
	土 2コマ	① 6	進行形・助動詞		
		② 7	いろいろな文・文構造	5	文型・さまざまな文
	日 2コマ	③ 11	比較	6	比較表現
		④	週間復習		
2週目	月	12	受け身〔受動態〕	7	受け身
	火	13	現在完了	8	現在完了
	水	8	不定詞(1)	9 10	句で表す 不定詞と動名詞と分詞
	木	9	不定詞(2)		
	金	10	動名詞・分詞		
	土 2コマ	① 14	前置詞・接続詞	11　前置詞　　12　接続詞	
		② 15	関係代名詞	13	関係代名詞
	日 2コマ	①	週間復習（1コマ）		
		②	総復習（1コマ）		

英語　LEVEL 1　LEVEL 2　LEVEL 3

数学　LEVEL 1　LEVEL 2　LEVEL 3

How To Use 効率よく基本知識が頭にはいる！
『くわしい英文法問題集』の上手な使い方

平日の勉強法

● 『くもん英文法』とのリンクを重視しながら進めよう！

　『くわしい英文法問題集』は、**1単元を90分**くらいで進めていく。このときの最初に、復習をかねてサラッと『くもん英文法』の例文チェックをやろう。時間は10分程度でいいが、必要に応じて『くもん英文法』に戻って復習するなど、2冊をリンクさせながら知識を確実に定着させていくことが大切だ。ダラダラとやっていると90分では終わらないので、かなりの集中力が必要だ。

　勉強の流れは下のとおり。具体的なやり方は、最初の『くもん英文法』の例文チェックから順に説明していこう。

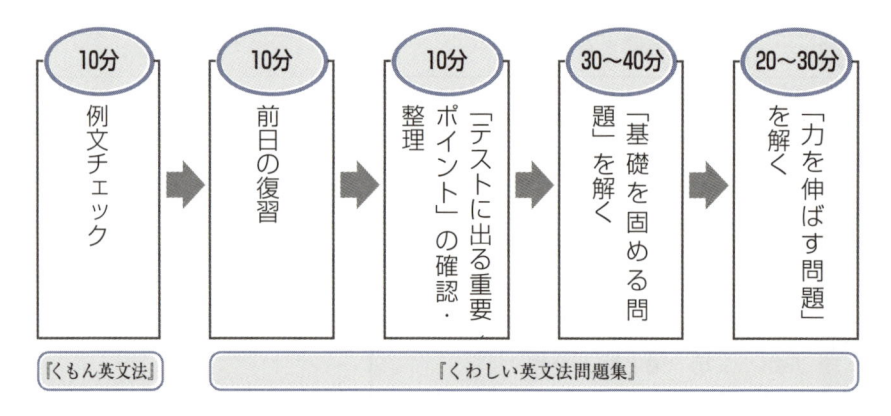

10分	10分	10分	30〜40分	20〜30分
例文チェック	前日の復習	「テストに出る重要ポイント」の確認・整理	「基礎を固める問題」を解く	「力を伸ばす問題」を解く
『くもん英文法』	『くわしい英文法問題集』			

● 『くもん英文法』の例文チェック　　勉強時間 10分

1　最初の5分で"手書き英訳"をできるだけやる

　『くもん英文法』の例文を書き写したノート（55ページ参照）を使う。ここでは、〈和訳→英文〉の一方向のチェックだけでいい。右ページの和訳で「×」が2つ以

上ついているものだけをひろいながら、対応する英訳を別の紙（安いコピー用紙でもなんでもOK）に手で書いていく。

　制限時間は**5分**で、その間にできるところまで進める。個人差もあるだろうが、5分あれば、10〜15例文くらいはいけるはずだ。

　やり方を70ページで図にまとめておいたので、参考にしてほしい。

2 できなかったものは、和田式カードに書き写す

　英訳を書き終えたら、残りの5分で答え合わせをする。ここでは、つづりまできちんと確認する。完璧に書けたものは除外し、まちがえたものだけを**「和田式カード」**に書き写しておく。

　「和田式カード」とは、すこし大きめの情報カード（文房具店では**「情報カード京大式・B6判」**と注文する）に、覚えるべきことをまとめるもので、くわしい作り方は71ページを見てほしい。

　「和田式カード」は、1枚のカードに1項目（この場合は1例文）を書くのが原則で、「なぜいつもまちがえるのか」とか「どこが覚えにくいか」などの"枝情報"も加えていく（ただし、この段階では正しい英文と和訳だけを書いておけばいい）。

3 後半は「和田式カード」を丹念にチェック

　「×」が2つ以上ついた例文がそれほど多くない人は、おそらく1週間以内にチェック作業を終えられるだろう。この場合、それ以降の例文暗記の時間には、それまでにたまった「和田式カード」の見直しを行う。

　「和田式カード」は、和訳を見て完璧に英文が書けるようになったら、手もとから除外し、残ったカードには「どこでいつもミスするのか」「何が覚えられないのか」などの"枝情報"をメモしておく。

　『くわしい英文法問題集』が終わる2週目の日曜日までに、すべての「和田式カード」を暗記することが最終的な目標だ。

『くもん英文法』の例文チェック方法

1. 《和訳→英文》のチェック

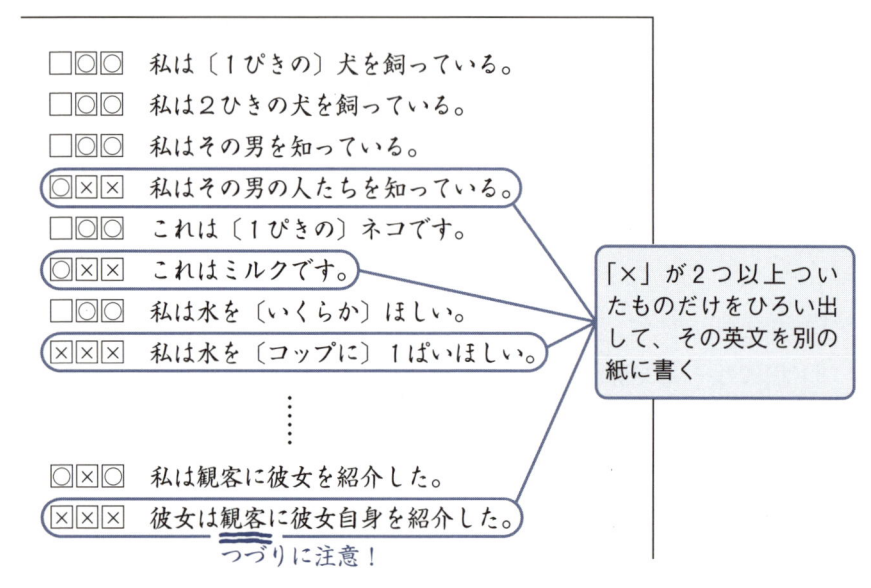

□○○	私は〔1ぴきの〕犬を飼っている。
□○○	私は2ひきの犬を飼っている。
□○○	私はその男を知っている。
○××	私はその男の人たちを知っている。
□○○	これは〔1ぴきの〕ネコです。
○××	これはミルクです。
□○○	私は水を〔いくらか〕ほしい。
×××	私は水を〔コップに〕1ぱいほしい。
︙
○×○	私は観客に彼女を紹介した。
×××	彼女は観客に彼女自身を紹介した。

つづりに注意！

→「×」が2つ以上ついたものだけをひろい出して、その英文を別の紙に書く

2. 左ページの英文を見て答え合わせをする

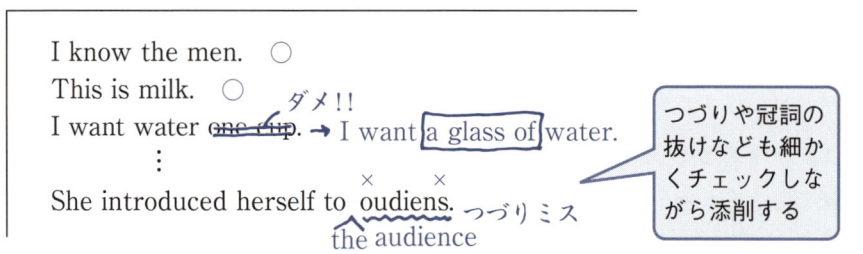

I know the men. ○
This is milk. ○
I want water ~~one cup~~. → I want a glass of water. ダメ!!
︙
She introduced herself to oudiens. つづりミス
                          the audience

→つづりや冠詞の抜けなども細かくチェックしながら添削する

3. 間違えた例文は"和田式カード"に書き写す

準備するもの
- B6判の情報カード（「情報カード京大式・B6判」）
- ボールペン黒
- ボールペン赤

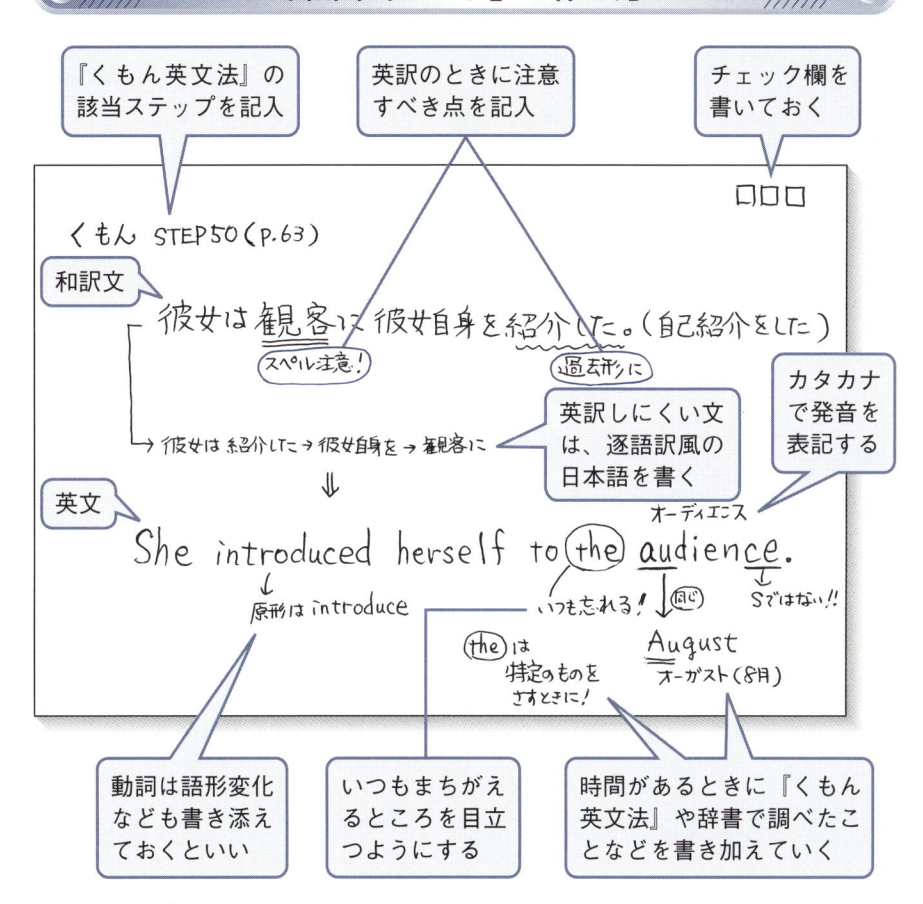

● LEVEL 1　中学英語 ●　『くわしい英文法問題集』

「和田式カード」の作り方

- 『くもん英文法』の該当ステップを記入
- 英訳のときに注意すべき点を記入
- チェック欄を書いておく

```
くもん STEP 50 (p.63)
和訳文
　彼女は観客に彼女自身を紹介した。(自己紹介をした)
　　　　スペル注意！　　　　　　　　過去形に

→ 彼女は紹介した → 彼女自身を → 観客に
　　　　　　　⇓

英文
She introduced herself to (the) audience.
　　↓　　　　　　　　　　　　　　↑　　　↑
　原形は introduce　　　いつも忘れる！(同じ)　sではない!!

　　　　　　　　　　　(the)は　　August
　　　　　　　　　特定のものを　オーガスト(8月)
　　　　　　　　　さすときに！
```

- 英訳しにくい文は、逐語訳風の日本語を書く
- カタカナで発音を表記する
- 動詞は語形変化なども書き添えておくといい
- いつもまちがえるところを目立つようにする
- 時間があるときに『くもん英文法』や辞書で調べたことなどを書き加えていく

ポイント

1. 和訳文には、英訳するときに注意すべきことを書き込む。
2. 下半分を隠し、和訳を見て英文を書けるかどうかをチェックする。
3. まちがえたときは、「どこでいつもまちがえるか」がわかるようにして、関連する情報などを書き加えていく。

●「重要ポイント確認問題」を解く　10分

1　「知識の整理」に重点を置いて通読する

　『くわしい英文法問題集』の各単元の最初にある「テストに出る重要ポイント」は、「暗記」しようと考えず、あくまでも「知識を整理すること」が目的と考えて読み進めよう。

　もちろん、ただなんとなく読んで終わりにするのではダメだ。『くもん英文法』でやったことを思い出しながら、1項目ずつ読み進めよう。

　カコミの注釈「★」にも目を通してチェックする。気になった文法用語などが出てきたら、『くもん英文法』の索引で調べて確認しておこう。

　ひととおりチェックしたら、「重要ポイント確認問題」を解き、最後に「テストではココがねらわれる」に目を通す（74〜75ページ参照）。

> ◆ ココに気をつけて進めよう！ ◆
> - 例文が出てきたときは、英文と和訳を2回ずつ音読する。
> - 「重要ポイント確認問題」では、かならず同じ形の例文が左ページに出ているので、まちがえたらそこに戻って確認する。
> - 多少意味がよくわからなくても、この段階では深く考え込まなくてOK。10分たったら切り上げて「基礎を固める問題」にいこう。

●「基礎を固める問題」の取り組み方　30〜40分

1　ノートに解答を書いて答え合わせする〈10分〉

　新しくノートを用意して、そこに解答を書く。制限時間は7〜8分に設定して、あまり考え込まずにサクサク解いていく。そのあと答え合わせをする。

　まちがえた問題は、問題集のページに戻って、左側に「×」の印を入れておく。ここまでを10分以内に終わらせる。

　76ページにやり方を図にまとめたので、参考にしてほしい。

> ◆ ココに気をつけて進めよう！ ◆
> ● 自信がないのにたまたま合ってしまった問題は、問題の左側に「△」の印をつける。

[2] 「なぜまちがえたのか」をハッキリさせ、アイマイな知識を正す〈20〜30分〉

答え合わせがすんだら、まちがえた問題「×」と、「△」の問題をひろって、ノートに正しい答えを書いていく。その際、たとえば空欄補充の問題をまちがえたときは、空欄に正しい答えを入れたうえで全体の一文を書き写し、和訳も書いておくのがポイントだ（77ページ参照）。

つぎに、「なぜまちがえたのか」「何を知らなかったせいなのか」をノートに書きとめておこう。原因を明確にしておかないと、また同じまちがいをしてしまう。

> ◆ まちがいの原因の例 ◆
> ①つづりを正しく書けなかった（複数形や動詞の変化形なども含む）。
> ②文法的な理解が不十分だった（忘れていた、知らなかった、うっかりミスしてしまった、など）。
> ③知らない単語や熟語があって、英文の意味が取れなかった。

まちがいの原因が明確になったら、二度と同じまちがいをしないために、「覚えておかなければならないこと」「理解を徹底しなければならないこと」を、「テストに出る重要ポイント」に戻って確認し、ノートに書き加える（77ページ参照）。それでもピンとこないときは、『くもん英文法』の索引や目次を見て該当するページに戻って、もう一度しっかりと復習する。

たとえば、'a few' と 'a little' の使い分けについてアイマイになっていた人は、『くもん英文法』の索引から 'a few' を探してみる。すると、STEP64でくわしく扱っていることがわかるので、ここをもう一度よく読んできちんと理解しておこう。

10 動名詞・分詞

テストに出る重要ポイント

1 動名詞

- **動名詞の形と意味** …動名詞は〈動詞の原形＋-ing〉の形で「～すること」の意味を表す。
- **動名詞の用法** …名詞と同じ働きをし，主語・補語・目的語になる。
  - （主語）Speaking English is interesting. (英語を話すことはおもしろい)
  - （補語）My hobby is making cakes. (私の趣味はケーキをつくることです)
  - （目的語）He finished doing his homework. (彼は宿…
  - （前置詞の目的語）He went out without saying go…
  （彼はさよならをいわずに出て行きました）

「★」にも忘れずに目を通す

- **動名詞と不定詞** …動名詞の目的語になる場合は，動詞によって動名詞を使うか不定詞を使うかが決まる。

  どちらも目的語にとる動詞 …like, begin, start など。

  I like playing soccer. / I like to play soccer. (私はサッカーをすることが好きです)

  ★ stop は，あとに動名詞が来る場合と不定詞が来る場合で意味が異なる。
  He stopped eating. (彼は食べるのをやめた) ※ eating は stopped の目的語。
  He stopped to eat. (彼は食べるために立ち止まった) ※ to eat は目的を表す不定詞。

  動名詞だけを目的語にとる動詞 …enjoy, finish, mind など。

  I enjoyed swimming. (私は水泳をして楽しみました)

  不定詞だけを目的語にとる動詞 …want, hope, wish など。

  I want to climb Mt. Fuji. (私は富士山に登りたい)

気になった文法用語は『くもん英文法』の索引で調べて確認する

2 分詞

- **現在分詞の形容詞用法** …〔現在分詞は〕-ing〕の形で，名詞を修飾する形容詞の働きをし，「～している」…語の場合は修飾する名詞の前につき，…は名詞のあとにつく。

  Look at that sleeping boy. (あの眠っている少年を見なさい)

  The boys playing baseball are Ken and his friends.
  （野球をしている少年たちはケンと彼の友だちです）

  ★ 現在分詞には「～している」という能動の意味があり，過去分詞には「～された」という受け身の意味がある。(p.78 参照)

注 例文は英文と和訳を2回ずつ声にだして読む

- **過去分詞の形容詞用法** …過去分詞も名詞を修飾する形容詞の働きをし，「～された」の意味を表す。文中の位置は現在分詞と同じ。

  I ate a boiled egg. (私はゆでたまごを食べました)

  I have a friend named Meg. (私にはメグと名づけられた友だちがいます)

---

1 読んで理解する

『問題集』の読み方

LEVEL 1　中学英語　『くわしい英文法問題集』

10 動名詞・分詞　63

チェック！　基本の確認
重要ポイント確認問題

2 確認問題を解いて答え合わせをする

1 動名詞

次の英文の（　）内の正しいほうを○で囲みなさい。

- (1) (Playing / Play) the guitar is a lot of fun.
- (2) My hobby (is walking / walks) in the mountains.
- (3) I'm interested in (learn / learning) French.
- (4) The boys enjoyed (to swim / swimming) in the river.
- ×(5) The kid suddenly stopped (cries / crying).
- (6) (Having / Have) enough sleep is important.
- (7) I look forward to (hear / hearing) from you.
- (8) Would you mind (to close / closing) the door?

答
(1) Playing
(2) is walking
(3) learning
(4) swimming
(5) crying
(6) Having
(7) hearing
(8) closing

2 分詞

次の英文の（　）内の正しいほうを○で囲みなさい。

- (1) Look at that (run / running) dog.
- (2) There is a (breaking / broken) camera on the table.
- ×(3) Tom has a watch (making / made) in Germany.
- (4) The girl (worn / wearing) glasses is my sister.
- (5) Who is that boy (sits / sitting) at the table?
- (6) I received a letter (writing / written) in English
- △(7) My father is going to buy a (using / used) ca
- (8) There is a (hiding / hidden) route to the cas

(1) running
(2) broken
(3) made
(4) wearing
(5) sitting
(6) written
(7) used

注 まちがえた問題に×印を、自信がないのにたまたま合ってしまった問題に△印をつけ、左ページの解説をもう一度読む

テストではココがねらわれる
- 動詞の原形を分詞にかえさせる問題が多い。現在分詞か過去分詞か、修飾する名詞との関係から判断する練習をしておくこと。
- 動名詞を目的語にとる動詞（enjoy, finish, stop）はよく出題される。
- 現在分詞は「〜している」、過去分詞は「〜された」の意味になる点に注意。

3 ざっと読んで頭の中を整理する

「基礎を固める問題」の進め方

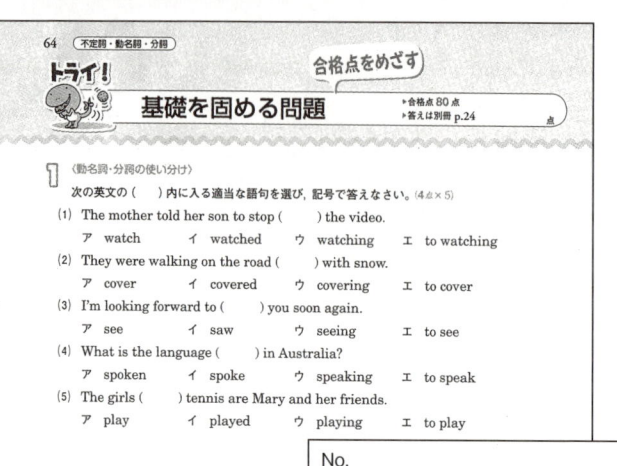

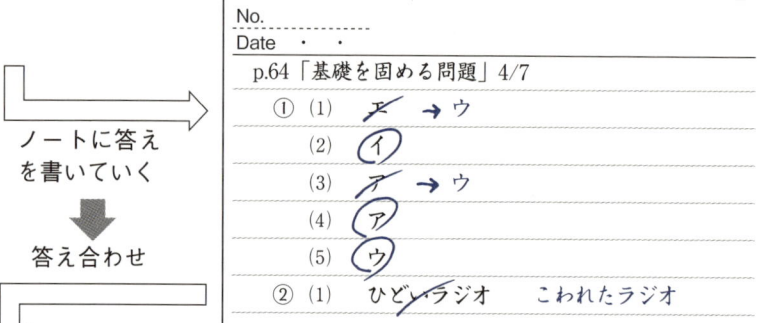

64 〈不定詞・動名詞・分詞〉

トライ！ 基礎を固める問題 （合格点をめざす）
▶合格点 80 点
▶答えは別冊 p.24

1 〈動名詞・分詞の使い分け〉
次の英文の（　）内に入る適当な語句を選び，記号で答えなさい。(4点×5)

(1) The mother told her son to stop (　　) the video.
　ア watch　　イ watched　　ウ watching　　エ to watching
(2) They were walking on the road (　　) with snow.
　ア cover　　イ covered　　ウ covering　　エ to cover
(3) I'm looking forward to (　　) you soon again.
　ア see　　イ saw　　ウ seeing　　エ to see
(4) What is the language (　　) in Australia?
　ア spoken　　イ spoke　　ウ speaking　　エ to speak
(5) The girls (　　) tennis are Mary and her friends.
　ア play　　イ played　　ウ playing　　エ to play

ノートに答えを書いていく ⇒

No.
Date　・　・

p.64 「基礎を固める問題」 4/7

① (1)　ア → ウ
　 (2)　イ
　 (3)　ア → ウ
　 (4)　ア
　 (5)　ウ
② (1)　ひどいラジオ　こわれたラジオ

⇓ 答え合わせ

---

1 〈動名詞・分詞の使い分け〉
次の英文の（　）内に入る適当な語句を選び，記号で答えなさい。(4点×5)

✕ (1) The mother told her son to stop (　　) the video.
　ア watch　　イ watched　　ウ watching　　エ to watching
　(2) They were walking on the road (　　) with snow.
　ア cover　　イ covered　　ウ covering　　エ to cover
✕ (3) I'm looking forward to (　　) you soon again.
　ア see　　イ saw　　ウ seeing　　エ to see
　(4) What is the language (　　) in Australia?
　ア spoken　　イ spoke　　ウ speaking　　エ to speak
△ (5) The girls (　　) tennis are Mary and her friends.
　ア play　　イ played　　ウ playing　　エ to play

まちがえた問題の左に「✕」印を入れる。自信がなくてたまたま合ってしまったときは「△」印を入れる。

2 〈分詞の意味〉
次の語句の意味を日本語で書きなさい。(6点×4)

(1) a broken radio　　　　（　　　　　　　　　）
(2) a sleeping cat　　　　（　　　　　　　　　）
(3) video games made in Japan　（　　　　　　　　　）

● LEVEL 1　中学英語 ●　『くわしい英文法問題集』

答え合わせが終わったら、弱点を徹底強化する

答え合わせが終わったら、まちがえた問題と「△」がついた問題をノートに書き写し、自分で添削する。

　　　　　　　　　　　　　　　　　　　　　　　　No.
　　　　　　　　　　　　　　　　　　　　　　　　Date　・　・

p.64　基礎を固める問題

　　　　　tell〜to…「〜に…するように言う」　　目的語

1　(1)　The mother told her son (to stop [watching] the video.)
　　　　その母親は息子にビデオを見るのをやめるように言った。

　　重要　　stop 〜 ing　 → 　〜するのをやめる　　　区別が
　　　　　　stop to 〜 　→ 　〜するために立ち止まる　アイマイに
　　　　　　　　　　　　　　　　　　　　　　　　　　なっていた！
　　　　　　↳ 全然意味がちがう！
　　　　　　　　　　　　　　　　　　　　　　まちがえた原因をハッキリさせる

　　(3)　I'm looking forward to [seeing] you soon again.
　　　　私はあなたにすぐに再会するのを楽しみにしている。

　　　　　　　　☆ look forward to 〜 ing ── 忘れていた
　　　　　　　　〜するのを楽しみにする　　熟語として覚える!!

　　(5)　The gilrs [playing] tennis are Mary and her friends.
　　　　テニスをしている少女たちはメアリーと彼女の友人です。
　　　　　　　　　　　×
　　　　（　The girls played tennis　　　　　　　　　　　）
　　　　（　↳「テニスをした少女たち」でもいいのか迷った　）

ここがポイント

- 空欄補充の問題の場合は、正しい答えを入れて一文を丸ごと書き写し、和訳もその下に書く。
- 知らない単語は辞書で調べる。
- 解説などを見て重要なことを書き加える。
- 「まちがえた原因」や「感じたこと」なども書いておく。

●「力を伸ばす問題」にチャレンジ　　20〜30分

1　まちがえた問題をノートに書いて覚える

　「力を伸ばす問題」では「合格点80点」と記されているが、これは無視する。制限時間は答え合わせも含めて15分とする（解答に12〜13分、答え合わせは2〜3分）。ノートを使わず、答えを直接本に書き込む。

　答え合わせをしたあとは、まちがえた問題の左側に「×」をつけ、解説、さらには冒頭の「テストに出る重要ポイント」なども参照しながら、「なぜまちがえたのか」「何を覚えておく必要があるのか」を考える。納得できたら、「基礎を固める問題」のときと同じように、まちがえた問題の英文とその和訳を丸ごとノートに書き写す。

　その英文を声にだして3回読み、その場で覚え込む努力をする。

　ここまでを20分以内に終えてしまった場合は、最後に「その日のまとめ」として、「基礎を固める問題」と「力を伸ばす問題」でまちがえた問題についてもう一度見ておくとなおいい。

●「前日の復習」のやり方　　10分

1　ノートに書き出した例文を復習する

　翌日の勉強では、『くもん英文法』の例文暗記のあとに、「前日の復習」の時間を組み込む。ここでは、前日やった範囲のうち「基礎を固める問題」でまちがえた英文（すでにノートに書き写してあるはず）を3回ずつ音読してから、和訳を見てその英文を口で言えるようにする。

　単語のつづりのミスなども、もう一度書いてきちんと確認しておこう。

　「基礎を固める問題」でまちがえた問題が少なくてすぐに終わってしまったときは、残った時間で「力を伸ばす問題」をチェックしよう。やり方は同じだ。逆に時間が足りなければ、「力を伸ばす問題」の復習はパスしていい。この問題集に取り組む**最大の目的は、「基礎を固める問題」を完璧に仕上げること**にあるからだ。

最初の日曜日の勉強法（週間復習日）

1 1コマ目

単元11の「比較」をやろう（67ページの「攻略プラン」の表を参照）。

2 2コマ目〈90分〉

最初の10分は、『くもん英文法』の例文チェック（68ページ参照）を通常どおりに行う。そのあとは、1週目に進んだ8単元分の「基礎を固める問題」をすべて解く（1単元10分×8）。このときは答えをノートに書かず、本に直接書き込む（そのために、最初はノートに答えを書くようにしていた）。「△」と「×」以外の問題もすべて解いてから答え合わせをする。

「基礎を固める問題」は100パーセント正解が目標で、これを達成できたら合格と考えよう。もしここでまちがえた問題（「××」となる問題）が出てきたら、「和田式カード」（71ページ参照）に書き写しておく。

2週目の日曜日の勉強法（週間復習日）

1 1コマ目〈90分〉

『くもん英文法』の例文復習（10分）→「前日の復習」（10分）のあとは、2週目の月曜日から土曜日（2コマ分）の計7単元分の「基礎を固める問題」を、上の 2 と同じやり方で解いて復習する。まちがえた問題を「和田式カード」にするのも同様だ。

2 2コマ目〈90分〉

『くもん英文法』の例文復習（10分）のあとは、週間復習でもまちがえてしまったもの（「和田式カード」にしてあるもの）をくり返しチェックして完璧に覚える。

まちがえた問題が少なくて時間が余ってしまう場合は、「力を伸ばす問題」でまちがえた問題をひととおりチェックして、覚えているかどうかを確認しておこう。

Q&A

緊急「使い方」相談室

こうすれば、もっとうまくいく！
『くわしい問題集 英文法 中学1～3年』編

Q
『くもん英文法』の例文で「×」が2つ以上つくものがけっこう多いです。実際に復習をやってみると、まちがえてしまうものも多く、「和田式カード」をつくるのに時間がかかって10分では終わりません。どうすればいいでしょうか。

A　復習時間を延長して対応する

最初の6週間で『くもん英文法』をやったときに、「×」が2つ以上つく例文は、1章をのぞく316例文のうち多く見積もって4割、120例文くらいと想定している。これなら、1コマ12例文ずつチェックしていけば10日で終わる。ここからさらにまちがえた例文が4割出たとして、「和田式カード」にするのは50枚程度だ。これなら、残りの4日でも十分にチェックできるだろう。

「和田式カード」にする例文が多いということは、例文暗記が徹底できていなかったということだが、この段階で嘆いてもしかたがない。とにかく、このレベルの英文は、つづりも含めて完璧に覚えられないようでは、先にいってからますます苦労する。大変かもしれないが、復習時間を20分にするなどして、この2週間のうちに『くもん英文法』の例文を完璧に暗記してほしい。

Q
「基礎を固める問題」ですが、満点を取れるときもあれば、4割くらいまちがえることもあります。デキがいいときは時間が余るし、悪いときは時間が足りない……。どう対処すればいいでしょうか。

A　時間はあくまでも目安、柔軟な対応を！

「基礎を固める問題」のデキがいいときはあっさり切り上げ、「力を伸ばす問題」に時間をつぎ込むといい。逆に、デキが悪くて時間がかかるときは、最

悪「力を伸ばす問題」はパスしてもいいから、「基礎を固める問題」でまちがえた問題を完璧に理解して覚えることに力を入れてほしい。デキが悪い単元は、『くもん英文法』でしっかり復習しておく。

　勉強は、「時間」ではなく「量」でするものだ。この本の「やり方」のところで記した所要時間は目安にすぎないので、あとは柔軟に対応してほしい。目的はあくまでも「基礎を固める問題」を完全に仕上げることで、それが達成できるのであれば、いくら短い時間で終えようが問題はない。

Q 「基礎を固める問題」や「力を伸ばす問題」で、英文が訳せないものがあります。どうすればよいですか。

A 辞書で解決できなければ教師に聞け！

　ノートには、まちがえた英文とともにその和訳も書いておくように指示しているが、和訳がうまく書けないこともあるだろう。

　この場合、まずは辞書で調べる努力をしてほしい。この時期は、辞書の引き方を覚えるのも勉強だ。辞書で調べてもわからないときは、恥ずかしがらずに学校の先生に聞いて解決するのが最善だ。「わからないことを、わからないままにしておく態度」は、すぐにでも改める努力をしよう。

Best Selection 3　　　　　　　　　　　●基礎単語・熟語の暗記●

将来に重いツケを残す中学～高1レベル単語の"穴"を、いますぐに埋めておこう！

吉田研作監修『VITAL1700英単語・熟語』（文英堂）

略称　『VITAL1700』

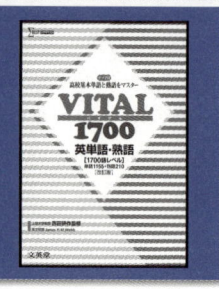

この本を使う目的

"アブナイ借金"を一気に返済！

　中学英文法があやしい人のほとんどは、中学～高1初級レベルの単語や熟語にも"穴"があると考えたほうがいい。その自覚がないまま、いたずらに入試レベルの単語集に手をだすのは危険だ。『英単語ターゲット1900』（旺文社）のような入試レベルの単語集では、中学～高1初級程度の単語は「知っていて当然」という前提でカットされているからだ。

　つぎの単語を見てほしい。

> burn, sure, die, effort, care, prize, protect,
> wrong, terrible, fool, excuse

　これらは、『英単語ターゲット1900』の見出し語（PartⅠ～Ⅲまでの1900語）やそれ以外のページにも出てこない。しかし、こうした基本単語に"穴"が残っているかぎり、いつまでたっても、英文をまともに読むことができない。実際、**東大や早慶レベルの長文問題でも、構成単語の7～8割は、中学～高1初級レベルの単語で占められている**のだ。

　やっかいなのは、いったん高校生になると、中学レベルの単語を復習しようなどという気がなくなることだ。それが原因で伸び悩んでいることに気づかずにいると、残してきたツケが次第に重くのしかかってくる。

● LEVEL 1　中学英語 ●　『VITAL1700』

だからこそ、この手の「知っていて当然の基本単語」の"穴"は、いますぐにでも埋めなければならない。『VITAL1700』の使用目的も、その一点のみにある。

Good Point この本の特長

"理屈抜きの丸暗記"に最適！

収録されている単語・熟語は、中学1年から高1までの範囲に限定されている（前ページで例にあげた 'burn, sure, prize' などの単語も、当然収められている）。高校生向けにつくられた単語集としては、中学レベルの単語を広範囲に扱っていること自体、大きな特長の1つと言ってもいい。

紙面構成もいたってシンプルで、原則的に「1つの単語に核となる1つの意味」が赤字で明示され、すべての単語、熟語を使った例文またはフレーズが載っている（「絵単語」「単語BOX」をのぞく）。まさに"理屈抜きの丸暗記"に適したつくりで、例文によるチェック機能も"完備"されている。

細かいところでは、発音のカタカナ表示、特殊な名詞の複数形と動詞の現在・過去・過去分詞形の掲載など、このレベルからはじめる人を想定した工夫が光る。

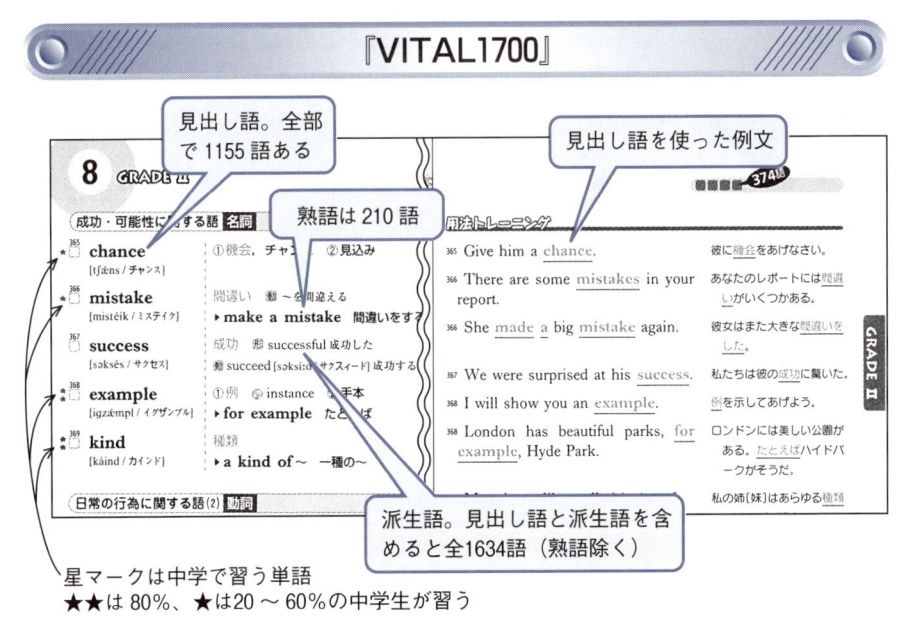

『VITAL1700』

- 見出し語。全部で1155語ある
- 熟語は210語
- 見出し語を使った例文
- 派生語。見出し語と派生語を含めると全1634語（熟語除く）

星マークは中学で習う単語
★★は80％、★は20〜60％の中学生が習う

最大2か月が使用期間のリミット！

『VITAL1700』は、『くもん英文法』『くわしい英文法問題集』の2冊と並行させながら使っていこう。つまり、**サブとして使うのが前提**となる（39ページ参照）。

中学英文法の復習が必要な人の場合、レベルを考えると、最低でも1か月はかかるだろう。基本単語の"抜け"がかなり多い人は、『くもん英文法』と『くわしい英文法問題集』の2冊を終えるまでの期間、すなわち最大2か月をリミットと考えて取り組もう。

1日の勉強時間は、およそ60分とする。ただし、これは章の最初にやる「選別作業」（86〜87ページ参照）をのぞき、「朝に30分、夜に30分」というように2回に分けてやるほうが集中力が落ちず効率もいい。

机に向かってじっくり取り組みたい人は、メインの参考書となる『くもん英文法』や『くわしい英文法問題集』の勉強をはじめる前に30分、終わってから30分、という形で進めよう。

"重ね塗り方式"でモレを防ごう

『VITAL1700』は、まず、単語を見て意味を口にする「見出し語チェック」を行う。

つぎに、例文を見て和訳が言えるようにする「例文チェック」を、ふたたび最初に戻って、最後まで"重ね塗り"する形で行っていく（「絵単語」などは最後にまとめてチェックする）。

その際、「見出し語チェック」よりも「例文チェック」にたくさん時間をかけるが、次ページに2か月用（"抜け"が7〜8割の人を想定）と1か月用（"抜け"が4〜5割前後の人を想定）のモデルプランを載せておく。これを参考に、自分にいちばん合った計画を練ってほしい。なお、この単語集は「GRADEⅠ」〜「GRADEⅣ」に分かれているが、厳密にレベル別になっているわけでもない。

● LEVEL 1　中学英語 ●　『VITAL1700』

『VITAL1700』攻略プラン

《2か月計画》

	月	火	水	木	金	土	日
1週目	見出し語チェック						
	GRADE I		GRADE II		GRADE III		
2週目	見出し語チェック				例文チェック		
	GRADE III		GRADE IV		GRADE I		
3週目	例文チェック						
	GRADE I						GRADE II
4週目	例文チェック						
	GRADE II							
5週目	例文チェック						
	GRADE III							
6週目	例文チェック						
	GRADE III	GRADE IV					
7週目	例文チェック	「絵単語」「単語ゼミ」をチェックして覚える					
	GRADE IV							
8週目	1週間で総復習						

《1か月計画》

	月	火	水	木	金	土	日
1週目	見出し語チェック						
	GRADE I・II			GRADE III・IV			
2週目	例文チェック						
	GRADE I			GRADE II			
3週目	例文チェック						
	GRADE II	GRADE III			GRADE IV		
4週目	例文チェック	「絵単語」「単語ゼミ」をチェックして覚える		総復習			
	GRADE IV							

定着率抜群の"重ね塗り方式"でモノにしよう！
『VITAL1700』の上手な使い方

How To Use

毎日の勉強法①【見出し語チェック】

○ 初日の「見出し語チェック」のやり方　　勉強時間 80～100分

　先ほど、勉強時間は「1日60分くらいにする」と書いたが、最初の日だけはすこし時間をかけてやる。

[1]「知っている・知らない」を選別する〈50分〉

　最初は、GRADE Ⅰ・Ⅱについて、知っている単語・熟語とそうでないものを"機械的"に選別する。「すでに知っているもの」をはずして、暗記効率を高めるためだ。これは、1日で終わらせてほしい。

　やり方は、各ページ点線の右側部分（意味が赤字で書いてある）に赤のチェックシートをかぶせ、単語の意味を言っていく。シートをずらして確認し、正しければ「○」、言えなかったり意味がちがっていたりすれば「×」、あやしいと思えば「△」をつける。

> ◆ ココに注意して進めよう！
>
> ● 意味を言うのに5秒以上かかったものは「△」にしておく。
> ● 1単語（熟語）につき4～5秒のペース（100単語で約8分）を目安とする（GRADE Ⅰ・Ⅱ、Ⅲ・Ⅳをそれぞれ50分ほどで終えられる）。

[2]「△」と「×」がついた単語を暗記する〈30～50分〉

　いったん休憩(きゅうけい)をいれて、つぎは「△」と「×」に印がついた単語と熟語だけをひろい、まず単語（熟語）を2回くり返して音読する。

　発音は見出し語の下にカタカナで表記してあるので、アクセント（太字表記）に気をつけて口にだそう。「テーブル」のように、和製英語として知っている単語は、

アクセントがちがうので違和感を覚えることもあるだろう。しかし、表記してあるものが本当の英語の発音に近いので（table ＝**ティ**ブる）、4回でも5回でも口にだして、耳を慣らしてほしい。

そのあと、本から目をそらして、いまの単語を発音して意味を言えるかチェックする。言えれば先に進み、つまったときはもう一度見ながら発音し、また本から目をそらして言ってみよう。それから、つぎの単語（熟語）に進む。

2回目からの「見出し語チェック」のやり方　60分

翌日からは、つぎのように進めよう。

ここでは、まず前日やった単語のうち、暗記がアイマイなものをやり直してから、新しい範囲に進んでいくスタイルで進める。

1　前半は"選別作業"を中心に進めよう〈前半30分〉

前日のチェックで「△」と「×」のついた単語と熟語だけを選んで、「知っている・知らない」の"選別作業"を行う。これは、前ページの 1 と同じやり方でいい。ここでも、「覚えた」「まだアイマイ」「覚えていない」をハッキリさせるため、「○」「△」「×」の印をつけておこう。

GRADE Ⅰ・Ⅱの単語は合計で596あるので、「○」の数が全体の5割を上まわれば、"選別作業"は熟語を合わせても20分程度で終わるはずだ。

この場合、時間があと10分弱あまるが、その時間でいまやったばかりの作業で「△」と「×」がついた単語と熟語について、「音読2回 → 本から目をそらして意味を言う」暗記作業（前ページ 2 と同じやり方）を順にやっていく。

1回目のチェックで「○」の数が3割を切るようだと、"選別作業"だけで30分を使い切ってしまうかもしれないが、それはそれでしかたがない。

いずれにしろ、30分たった時点で作業はいったん中断して休憩を取ろう。集中力が落ちてくるころでもあるからだ。

2 後半は暗記作業に専念しよう〈後半30分〉

休憩時間のあとは、「音読2回→意味を言う」暗記作業に専念する。

前半の30分ですでに暗記作業にはいっているときは、中断したところから再開しよう。章の最後までいくのに30分かからなければ、そこで切り上げていい。

逆に、前半の30分で"選別作業"しかできなかった人は、後半は暗記作業からはじめて、30分間でできるところまで進める。30分やっても終わらなかったら、残りは翌日に持ち越す。この場合、翌日からは、「暗記作業のつづき」→「3回目の選別チェック」→「暗記作業」→「4回目の選別チェック」→「暗記作業」と進んでいく。

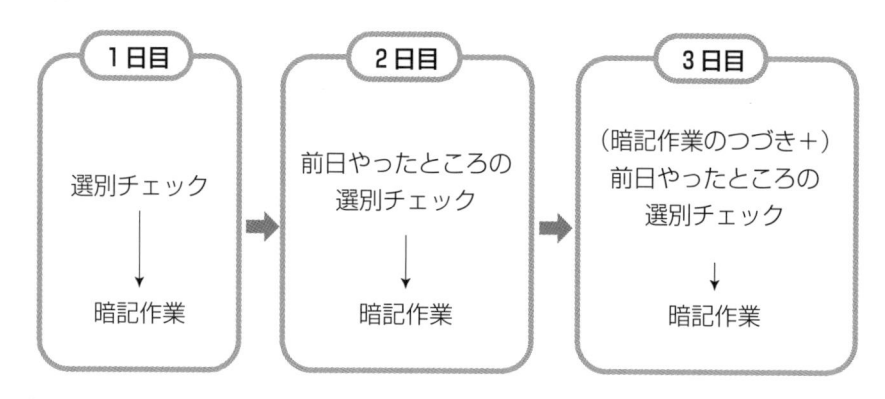

1日目	2日目	3日目
選別チェック ↓ 暗記作業	前日やったところの 選別チェック ↓ 暗記作業	（暗記作業のつづき＋） 前日やったところの 選別チェック ↓ 暗記作業

3 "定着率9割以上"でGRADE Ⅲ・Ⅳに移る

以上のように、「選別チェック→暗記作業」を1セットとして、これを毎日60分（30分＋30分）の中で、できるところまで進める。

こうして最低3セットをこなし、全体の9割以上に「○」がついたら、つぎのGRADE Ⅲ・Ⅳに移る。GRADE Ⅲ・Ⅳも同様に「見出し語チェック→暗記作業」のセットで進める。「1か月計画」の場合は、GRADE Ⅰ・Ⅱに3日、GRADE Ⅲ・Ⅳに4日をかけるのが目安だ（85ページ参照）。

ちなみに、途中に出てくる「絵単語」は、GRADE Ⅳが終わってからまとめて取り組めばいい。そのあとで、GRADE Ⅰ～Ⅳを通して総復習をする。「単語ゼミ」はそのときにざっと目を通すくらいでいい。

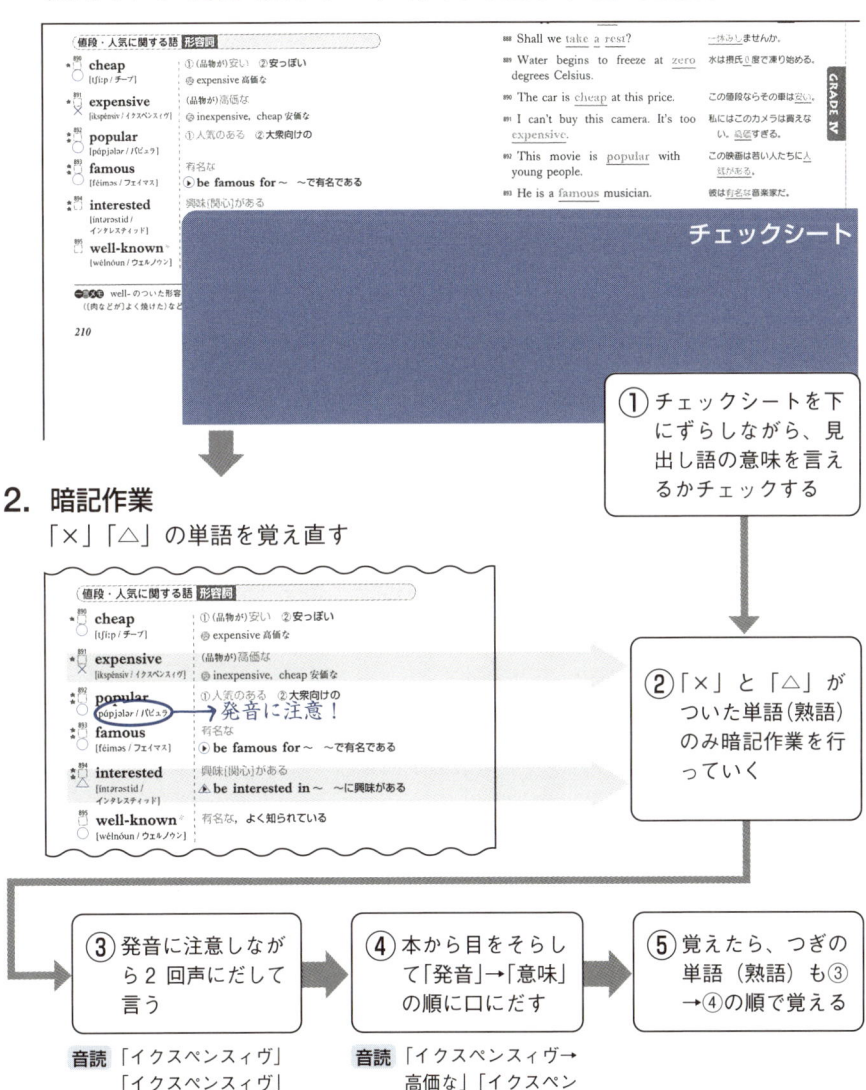

● LEVEL 1　中学英語 ●　『VITAL1700』

「見出し語チェック」のやり方

1. 選別作業
「知っている（○）」「知らない（×）」「うろ覚え（△）」を選別する

①チェックシートを下にずらしながら、見出し語の意味を言えるかチェックする

2. 暗記作業
「×」「△」の単語を覚え直す

②「×」と「△」がついた単語(熟語)のみ暗記作業を行っていく

③発音に注意しながら2回声にだして言う

音読「イクスペンスィヴ」「イクスペンスィヴ」

④本から目をそらして「発音」→「意味」の順に口にだす

音読「イクスペンスィヴ→高価な」「イクスペンスィヴ→高価な」

⑤覚えたら、つぎの単語(熟語)も③→④の順で覚える

毎日の勉強法②【例文チェック】

「見出し語チェック」をひととおり終えたら、GRADE Iに戻って、今度は最初から順に「例文チェック」をはじめよう（85ページの表を参照）。
やり方はつぎのように進めていく。

●「例文チェック」は４つのステップで進めよう

1 英文を読んでから、和訳文を言う

『VITAL1700』は、見出し語を使った英語の例文やフレーズがあり、それぞれに和訳が記されているが、和訳の部分を赤のチェックシートで隠しておく。

まず、英文（もしくはフレーズ）を声にだして読み、和訳を見ずに頭の中で訳してみよう。頭の中で全体の意味が取れたら、チェックシートの上から、見えない部分（単語や熟語の意味が書いてある）を自分で補いつつ口にだして読む。

きちんと訳せたら、英文の左側に「○」をつける。微妙に意味がちがったり、アイマイに覚えていると感じたりしたら「△」、言えなかったら「×」をつける。

2 「△」「×」がついた単語・熟語はその場で覚える

「△」や「×」がついたときは、そのまま先にいかず、"その場で覚える努力"をすること。

まず、単語とその意味を、２～３回声にだして確認する。

つぎに、英語の例文を２回音読し、もう一度和訳部分をシートで隠す。隠れた意味の部分だけ、とくに強く声にだして和訳文を２回読む。「よし、覚えた！」と自分に言い聞かせてから、つぎの例文に進もう。

ペースは、「△」や「×」の数や読むスピードによっても変わるが、1 と 2 の作業を合わせると、前半30分、後半30分の計60分で80～100例文を進めるくらいが目安となる。

3 「３回反復」＆「９割以上定着」でつぎの章に進む

「例文チェック」のペースは、「見出し語チェック」にくらべてどうしても遅く

● LEVEL 1　中学英語　●　『VITAL1700』

「例文チェック」の進め方

1. 例文を読む→訳を言う（GRADE I の一部を除く）

〈右ページ〉

```
用法トレーニング                          1021語
○ 1011 Where is the railroad station?     鉄道の駅はどこですか。
○ 1012 Some students go to school by      地下鉄で通学する学生もい
       subway.                            ます。
○ 1013 My car has engine trouble.         私の車はエンジンの具合が
                                          悪い。
△ 1014 I had a traffic accident on my     昨日私は家へ帰る途中で交
       way home yesterday.                通事故にあった。
× 1014 She met him on the street by       彼女は＿＿道で彼に出会
       accident.                          った。
○ 1015 Jim went on a long journey         ジムはアフリカへ長期の＿
       through Africa.                    ＿に出かけた。
× 1016 I forgot my luggage at the hotel.  ホテルに＿＿を忘れた。
○ 1017 Why do you say such things?        なぜ＿＿ことを言うので
                                          すか。
△ 1017 We import a lot of fruit, such as  私たちはオレンジやレモン
       oranges and lemons.                ＿＿果物をたくさん
                                          輸入している。      GRADE IV
```

→ 例文を音読する
→ チェックシートの上から空白を補って読む
→ 正しく言えたら「○」言えなければ「×」アイマイなときは「△」

チェックシート

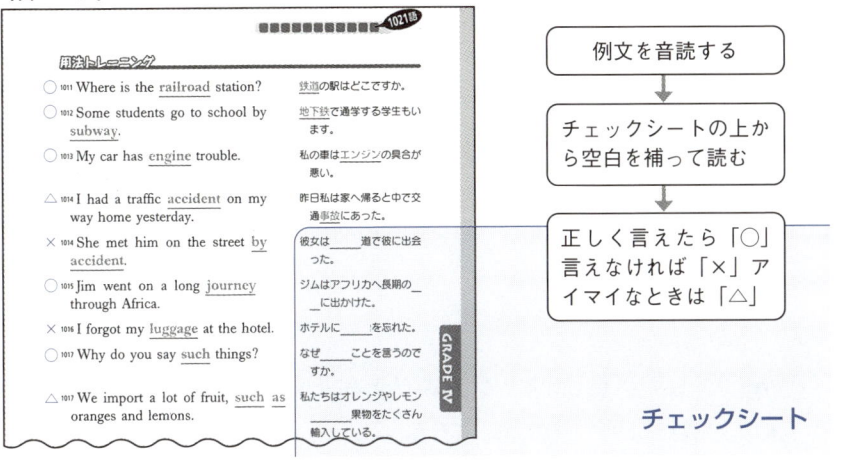

2. 「×」「△」がついた単語・熟語を覚える

〈左ページ〉

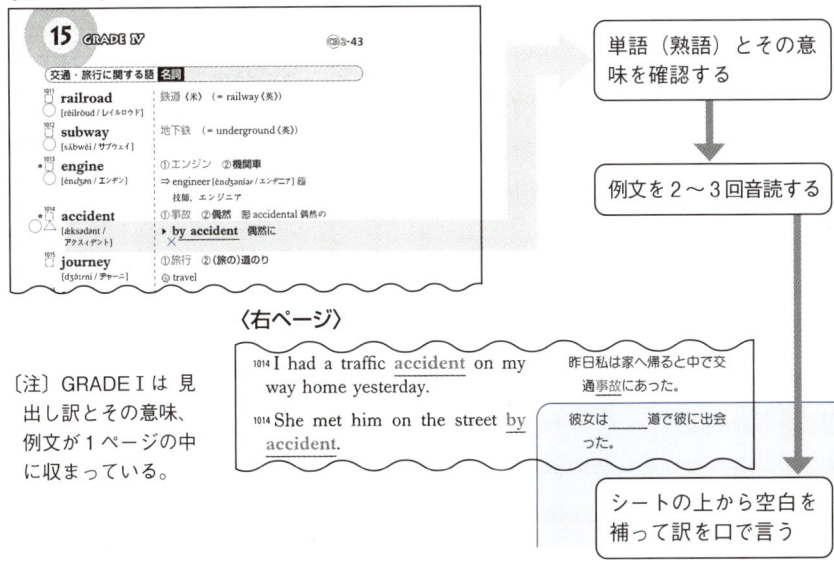

```
15 GRADE IV                              ◎3-43
交通・旅行に関する語 名詞
1011 railroad       鉄道（米）（= railway〈英〉）
     [réilròud / レイルロウド]
1012 subway         地下鉄（= underground〈英〉）
     [sʌ́bwèi / サブウェイ]
1013 *engine        ①エンジン ②機関車
     [éndʒən / エンヂン]  ⇒ engineer [èndʒəníər / エンヂニア] 技
                    師、エンジニア
1014 *accident      ①事故 ②偶然　形 accidental 偶然の
     [æksədənt /    ▶ by accident 偶然に
     アクスィデント]
1015 journey        ①旅行 ②（旅の）道のり
     [dʒə́ːrni / チャーニー]  ⊜ travel
```

→ 単語（熟語）とその意味を確認する
→ 例文を2〜3回音読する

〈右ページ〉

```
1014 I had a traffic accident on my      昨日私は家へ帰る途中で交
     way home yesterday.                 通事故にあった。
1014 She met him on the street by        彼女は＿＿道で彼に出会
     accident.                           った。
```

→ シートの上から空白を補って訳を口で言う

〔注〕GRADE I は見出し訳とその意味、例文が1ページの中に収まっている。

なる。また、「見出し語チェック」のときは、1回目のチェックで「○」がついた単語（熟語）でも、「例文チェック」では「△」や「×」がつくこともあるだろう。しかし、だからといって、あせるあまり手を抜かないでほしい。

　毎日の「例文チェック」も、「時間内にできるだけ進め、反復回数を多くする」方針をつらぬこう。くり返しやることが、暗記には大切なのだ。たとえば、1日60分（30分＋30分）で200例文くらい進められるとしたら、GRADE Ⅰの例文やフレーズは2日目の途中ですべてチェックできる。

　そのあとは、また最初に戻って2回目のチェックにはいる。2回目は「△」と「×」だけをチェックする。

　さらに3回目には、2回目に「△」と「×」がついたものだけをチェックしよう。

　このようにして、「例文チェック」は、GRADE Ⅰ～Ⅳいずれも3回反復し、「○」が9割以上になったらつぎの章に移ろう。

4　総復習で「×」がついたら、「和田式カード」で解決！

　「例文チェック」が終わったら、最後に総復習をする（2～3日を確保）。

　総復習では「見出し語チェック」「例文チェック」ともに、最後のチェックで「×」がついた単語（熟語）と例文を、最初から最後まで通して、一気にチェックしよう。

　このとき、それでも「×」がつく単語や熟語があれば、「和田式カード」に右ページの例文と和訳を書き写す（「和田式カード」の作り方→71ページ）。

　和田式カードが全体で50枚程度でおさまれば、"晴れて卒業"と考えていい。ただし、つくったカードは1週間以内に手もとからなくなるように、最後のひと踏ん張りを！

● LEVEL 1　中学英語 ●　『VITAL1700』

『VITAL1700』の効果的な使い方

1. 見出し語チェック

①選別作業
単語を見て、意味を口で言えるかどうかをチェック

- 「言えた」→○
- 「5秒以上かかる」→△
- 「言えない・全然ちがう意味」→×

↓

②暗記作業
「×」と「△」の語句を意味がスッと言えるまで反復確認

③反復チェック
①→②でワンセット。2 GRADE分につき最低3回チェック

↓

9割以上「○」になったら、つぎに進む。

2. 例文チェック

①和訳チェック
例文を読んで、シートで隠した訳をつまらずに言えるかチェック

- 「言えた」→○
- 「5秒以上かかる」→△
- 「言えない・全然ちがう意味」→×

↓

②暗記作業
「×」と「△」の単語を確認し、《英文→和訳》を再チェック

③反復チェック
①→②でワンセット。1 GRADE分につき最低3回チェック

↓

9割以上「○」になったら、つぎのGRADEに進む。

3. 総復習

最後のチェックで「×」がついた単語（熟語）をひろいながら、"見出し語チェック"と"例文チェック"の両方を通して行う

- 「言えた」→○
- 「5秒以上かかる」→△
- 「言えない・全然ちがう意味」→×

↓

「×」がついたものは「和田式カード」にする（"和田式カード"の作り方は71ページ参照） → つぎの1週間で完璧に！

Q&A

緊急「使い方」相談室

こうすれば、もっとうまくいく！
『VITAL1700英単語・熟語』編

Q 'dish' の意味は「皿」とありますが、「料理」の意味もあるはずです。「料理」と答えて「○」にしていいですか？

A 正しくても「△」にしておく

　たしかに、「メインディッシュ」というように、'dish' には「料理」の意味があり、これはこれで正しい（『VITAL1700』にも黒字で載っている）。しかし、たいていの辞書では、'dish' の第一義は「皿」となっている。この単語集は、もっともよく使われる意味を赤字で載せているので、まずは理屈抜きでそれを覚えることを最優先課題としよう。だから、もし「皿」の意味を知らなかったら、素直に「△」をつける。

　また、ここでは、「正解すること」よりも、「どこがわかっていないか」「どこがあやふやか」をチェックすることが大切なので、○の数にこだわりすぎないようにしよう。

Q 「例文チェック」のとき、問われている単語や熟語以外で、知らない単語があるのですが、辞書で調べたほうがいいですか。

A ここでは辞書を引く必要はない

　よほど余裕があれば調べてみてもいいが、この段階では、辞書で調べる時間がもったいないので無視してかまわない。和訳を見ればその単語に対応する意味がわかるので、問題はないはずだ。無理に覚える必要はない。

Q

私は完璧にできないと気がすまない性格なので、「○」が9割ついたらつぎの章に進んでいい、というのはちょっと甘く思えてなりません。多少時間がかかっても、完璧に覚えてから先に進むべきではないですか？

A "完璧主義"では先に進めなくなる

単語や熟語は、いくら完璧に覚えたと思っても、時間がたてばそのうちの何割かはどうしても抜けてしまうものだ。完璧主義を貫こうとすると、なかなか先に進めず、そのうちに嫌気がさして挫折してしまう危険が高い。

中学レベルの勉強は、とにかく一刻も早く抜け出すことが大切だ。そのためには「9割でOK」という発想で取り組んだほうが好結果を生む。

残りの1割については、もしそれが絶対に必要な単語であれば、このあとの勉強で何度も出てくる。そのときに覚えればすむ話だし、何回も出てくる単語は、意識しなくても自然に覚えてしまうものなので、心配はいらない。

100パーセントでなければ気がすまない人は、とりあえず9割を達成してつぎの参考書に進んでから、並行して残りの1割を復習によってつぶしていけばよい。

LEVEL 2

入試長文の「読み方」を完全攻略

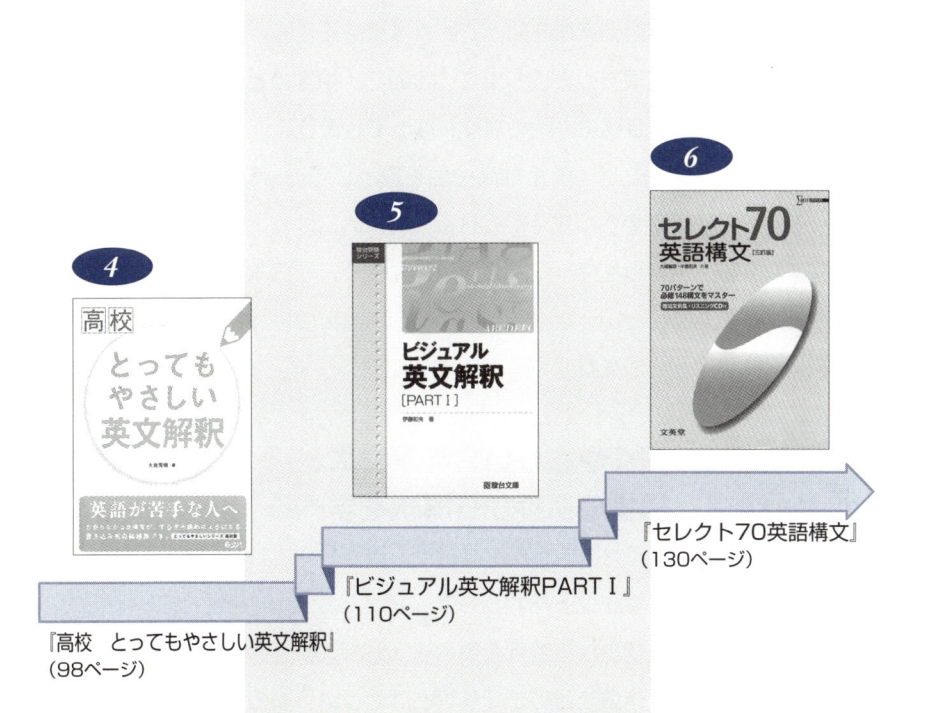

4 『高校 とってもやさしい英文解釈』
（98ページ）

5 『ビジュアル英文解釈PARTⅠ』
（110ページ）

6 『セレクト70英語構文』
（130ページ）

Best Selection 4 ●解釈の基本を体感する●

長文が苦手な人にやさしい英文解釈入門の決定版!

大岩秀樹『高校　とってもやさしい英文解釈』（旺文社）

略称『やさしい英文解釈』

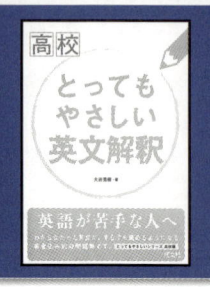

Purpose この本を使う 目的

英文解釈に必要な基本的な理解と知識・考え方を吸収する！

中学英語の長文は、話の内容がやさしく一文も短めなので、単語の意味を知っていれば読めることが多かった。高校では一文が長くなり、新しい構文や表現も出てくるので、**中学のときと同じ感覚で取り組んでいると、あっと言う間に「読めなく」なってしまう**。

『やさしい英文解釈』は、そんな高校生を想定して、「英文解釈とはどういうものか」をとてもわかりやすく教えてくれる。具体的には、①日本語と英語のちがいを理解する、②文法知識を使って文の構造を見抜く、③日本語に訳すときに注意すべきポイントを知る、といった「解釈の基礎」を身につけることが目標となる。あわせて、高校で習う文法を整理・補充していく。

Good Point この本の 特長

短くやさしい文を素材に、初歩の初歩から解釈を学べる！

素材となる英文は短く、単語もやさしい。解説は簡素ながらもポイントをわかりすく伝える工夫が施されているので、英語が苦手な人が初歩の初歩から解釈を学べる。「文の切れ目＝カタマリ」を見つけ、書き込みながらの和訳作業を通じて「解釈とはどういうものか」を体感できる。英語が苦手な受験生を教えてきた著者の経験が随所に活きている。

● LEVEL 2　解釈の基礎　●　『やさしい英文解釈』

勉強するときの 注意点 (Cautions)

文法事項が出てくるたびに、"辞書本"で確認しながら進める

　全34課を通じて中学文法と主要な高校文法が出てくるが、解説ではそれほどくわしくは説明されない。そこで、文法参考書を手もとに置いて、文法事項が出てくるたびに文法参考書を"辞書代わり"にして確認・整理していきたい。

　使用する"辞書本"には『くもんの高校英文法』（くもん出版）をすすめたい。練習問題は少ないが索引がついているので検索しやすい。サブで並行する『セレクト70』や後述する『ビジュアルⅠ』『入門解釈70』に取り組む際も、辞書的に参照して用いることができる。

この本で学ぶべき 対象者 (For Whom)

英文解釈を基本から勉強したい人に！

　中学英語と高校英語の"橋渡し"の役割を果たす参考書で、和訳に難がある人、「英文解釈の勉強」と言われてもピンとこない人、高校文法が抜けている人などが対象者となる。

　この本で提唱するラインナップでは、『くもん英文法』と『ビジュアルⅠ』のギャップを埋めるために配置している。ここで解釈の基本を身につけ、最低限の高校文法を整理しておくと、このあとの"読み込み"を効率的に進められる。

この本の 構成 (Construction)

「解釈の考え方」を刷り込む紙面構成

　3章（全34課）で構成され、1課は2〜6ページで分量にややばらつきがある。どの見開きも「和訳してみよう！」（例文）→「POINT」（解説）→「確認しよう！」（和訳演習）の流れで統一され、「英文解釈の考え方」を徹底的にすり込もうとする意図が明確である。数課ごとにある「練習問題」では、やや長めの英文にチャレンジする。

2 〈to＋動詞の原形〉がつくるカタマリ

タイトル

〈to＋動詞の原形〉のカタマリは3つの働きをするよ！

和訳してみよう！ (1) と (2) の違いは何だろう？

例文
(1) My dream is **to be a scientist**.
(2) I studied hard **to be a scientist**.

ポイント

POINT 〈to＋動詞の原形〉を見つけたら，まずは3つの意味を思い出そう！

〈to＋動詞の原形〉の意味
　※ to 不定詞とも言うよ。
- ① ～すること ← 名詞の働き
- ② ～するために，～するように ← 副詞の働き
- ③ ～するための (代)名詞 ← 形容詞の働き

③の意味では，(代)名詞 の直後に〈to＋動詞の原形〉が続くよ。
つまり，(1) と (2) の英文は①か②のどちらかになるね（③については p.2 で！）。

POINT 〈to＋動詞の原形〉を含むカタマリの前後に注目しよう！

解説とポイントの説明

①動詞 V の直後の〈to＋動詞の原形〉は，名詞の働き。「～すること」

(1) <u>My dream</u> <u>is</u> 〈<u>to be a scientist</u>〉.
　　　S　　　　V　　　　　C 名

　「科学者になること」

▶ 動詞 V の直前にある〈to＋動詞の原形〉も，名詞の働きと考えよう。
〈<u>To be a scientist</u>〉 <u>is</u> <u>my dream</u>.
　　　S 名　　　　　　V　　C

②文に続く〈to＋動詞の原形〉は，副詞の働き。「～するために，～するように」

(2) <u>I studied hard</u> 〈<u>to be a scientist</u>〉. ← 「目的」を表すよ。
　　　　文　　　　　　　　　副

　「科学者になるために」

▶ 副詞の働きをする〈to＋動詞の原形〉は，文の前にくることもあるよ。
〈<u>To be a scientist</u>〉, <u>I studied hard</u>.
　　　副　　　　　　　　　　文

― 和訳してみよう！ の答え ―
(1) 私の夢は科学者になることだ。
(2) 科学者になるために，私は一生懸命に勉強した。

22

● LEVEL 2　解釈の基礎 ●　『やさしい英文解釈』

『解釈』の構成

✏️ 確認しよう！

次の例のように，〈to＋動詞の原形〉のカタマリを〈　〉で示し，その前後にある動詞や文に下線を引いてから，英文を和訳しよう。

→ 確認作業の方法の説明

例　My dream is 〈to be a scientist〉.
　　　　　　動詞
（　私の夢は科学者になることだ。　　　　　　　）

I studied hard 〈to be a scientist〉.
─────────
　　文
（　科学者になるために，私は一生懸命に勉強した。　）

第1章 ②

→ 指示された方法で確認作業をしながら和訳する

(1) She likes to collect stamps.
（　　　　　　　　　　　　　　　　　）

(2) I bought some chocolate to bake cookies.
（　　　　　　　　　　　　　　　　　）

(3) To read magazines is fun.
（　　　　　　　　　　　　　　　　　）

(4) To read the newspaper, he put on his glasses. ※glasses：めがね
（　　　　　　　　　　　　　　　　　）

確認しよう！ の答え

(1) She likes 〈to collect stamps〉.　　　彼女は切手を集めるのが好きだ。

(2) I bought some chocolate 〈to bake cookies〉.　クッキーを焼くために，私はチョコレートを買った。
　　　　　　　　　　　　　　　　　　　　　　　　　　someは訳さないことも多いよ。

(3) 〈To read magazines〉 is fun.　　　雑誌を読むのは楽しい。

(4) 〈To read the newspaper〉, he put on his glasses.　新聞を読むために，彼はめがねをかけた。

23

こう進めよう！学習計画 Best Plan

勉強ペースを乱さない１か月プラン！

「１日60〜90分、平日に進めて土日に復習」を原則に１か月完成を目指す。課による分量のばらつきがあるが、「平日４〜６ページ」、土日はその週の復習や「練習問題」にあてる。

下に示す「攻略プラン」では、勉強ペースを一定に保つために、課の順番を入れかえているところがある（10課を飛ばして進め、20課とセットにするなど）が、順番が前後しても学習に支障が出ないように考えてある。３週目で30課まで進めたあとの４週目は、既習範囲の２回目の復習が中心だが、31〜34課は30課までの復習のあとに設定している（そのため31〜34課の復習の機会は１回のみとなる）。

『やさしい英文解釈』の攻略プラン

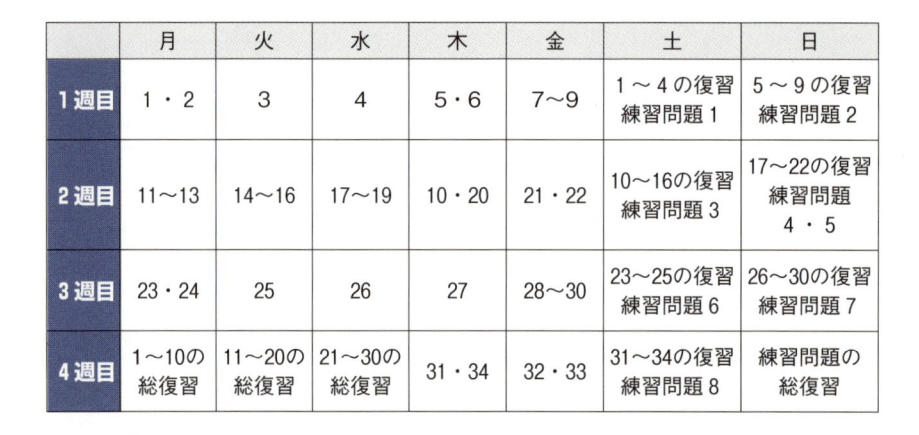

	月	火	水	木	金	土	日
１週目	１・２	３	４	５・６	７〜９	１〜４の復習 練習問題１	５〜９の復習 練習問題２
２週目	11〜13	14〜16	17〜19	10・20	21・22	10〜16の復習 練習問題３	17〜22の復習 練習問題 ４・５
３週目	23・24	25	26	27	28〜30	23〜25の復習 練習問題６	26〜30の復習 練習問題７
４週目	１〜10の 総復習	11〜20の 総復習	21〜30の 総復習	31・34	32・33	31〜34の復習 練習問題８	練習問題の 総復習

勉強を始める準備 Preparation

「基本のおさらい」は事前に取り組む

「攻略プラン」からはずしている序章は、「初日」の前の日に取り組む。「品詞と用語」「文型の基本」は『くもん英文法』の復習に近いがしっかり取り組む（次ページ参照）。「訳し方の基本」で扱われる訳出の際の〝語順ルール〟は「なるほど！」と思う人もいるだろう。

● LEVEL 2　解釈の基礎 ●　『やさしい英文解釈』

序章「基本のおさらい」の勉強法

文型の基本

英語は、基本5文型という5つの型（語順）で表現するのが基本。ここで、その5つの型を確認しておこう。

❶基本5文型

基本5文型とは，文の骨格になる基本的な5つの語順のこと。
S（主語），V（動詞），O（目的語），C（補語）が文の主な要素だよ。

- 第1文型：主語Sが＋Vする.
- 第2文型：主語Sが＋Vする＋どのようなC.
- 第3文型：主語Sが＋Vする＋誰［何］をO.
- 第4文型：主語Sが＋Vする＋誰にO₁＋何をO₂.
- 第5文型：主語Sが＋Vする＋誰［何］をO＋どのようなC.

▶ SとOには名詞，Cには名詞か形容詞，が入るよ。
▶ 文の要素を修飾する形容詞や副詞が省略されても，文型は成り立つよ。

1 説明を読んで知識の整理をする。知っていることでも読み飛ばさないように。

✐ 復習しよう！

次の英文がそれぞれ第何文型になるかを答えよう。

(1) We named him Paul.　「私たちは彼をポールと名付けた。」（第 5 文型）
(2) I broke the computer.　「私はそのコンピューターを壊した。」（第 3 文型）
(3) She laughed.　「彼女は笑った。」　　　　　　　　　　　（第 1 文型）
(4) I showed her the picture.「私は彼女にその写真を見せた。」（第 4 文型）
(5) He is a dentist.　「彼は歯科医だ。」　　　　　　　　　　（第 2 文型）

2 説明を理解できているかを確認する。答えは本に直接書き込んでもよい。

✐ 和訳してみよう！

〈副詞のカタマリ〉⇒〈形容詞のカタマリ〉⇒基本5文型 の順番を意識して，次の英文を和訳してみよう。

(1) 〈When he was a child〉, he met a woman 〈that had ten cats〉.
　　　副詞のカタマリ　　　　　基本5文型　　　形容詞のカタマリ

　（　子どものころ、彼は10匹の猫を持っている女性に会った。　　　）

(2) She had a monkey 〈that could swim〉 〈when she was a child〉.
　　　基本5文型　　　　形容詞のカタマリ　　　副詞のカタマリ

How To Use 英文解釈の基本がわかる！『やさしい英文解釈』の上手な使い方

毎日の勉強法

●「和訳してみよう！」を手書きで訳す　5分

　まずは、各課の冒頭のタイトルを見ておく。1課なら「〈前置詞＋名詞〉がつくるカタマリ」で、すぐ右下にある色字とあわせて「何を学ぶか」「何がポイントか」を頭に入れる。この作業が実はかなり重要だ。**「自分がこれから何を勉強するのか」を明確に意識して取り組む**ことで、集中力も記憶への残り方もちがってくるからである。

　そのあとで、「和訳してみよう！」の冒頭の例文をノートに写し、タイトルの内容と英文の太字部分に注意しながらその下に和訳を書く。辞書を引く必要はほとんどないレベルの英文だが、知らない単語は調べてもよい。

　「(1)と(2)の違いは何だろう？」のように簡単な質問がある場合は、その答えを考えながら、自分なりの言葉で簡単に書いておきたい。

●「POINT」を読んで理解してから、答え合わせをする　10分

　つぎに「POINT」を読んで、書いてある内容を理解する。1回読んだだけでは頭にはいらないこともあるので、まずはざっと読んでから、使われる用語（「代名詞」「名詞の働き」「副詞の働き」など）の意味をしっかり考えながらもう一度読んで内容を理解する。

●「確認しよう！」を解いて、答え合わせをする　15分

　「確認しよう！」では、指示に従って英文を和訳する（直接書き込まず、ノートに英文を写しながら作業をする）。ひととおり終えたら答え合わせをする。まちがった英文は「POINT」に戻って確認し、翌日の勉強の前にもう一度訳す。

● LEVEL 2　解釈の基礎　●　『やさしい英文解釈』

『やさしい英文解釈』の勉強の流れ

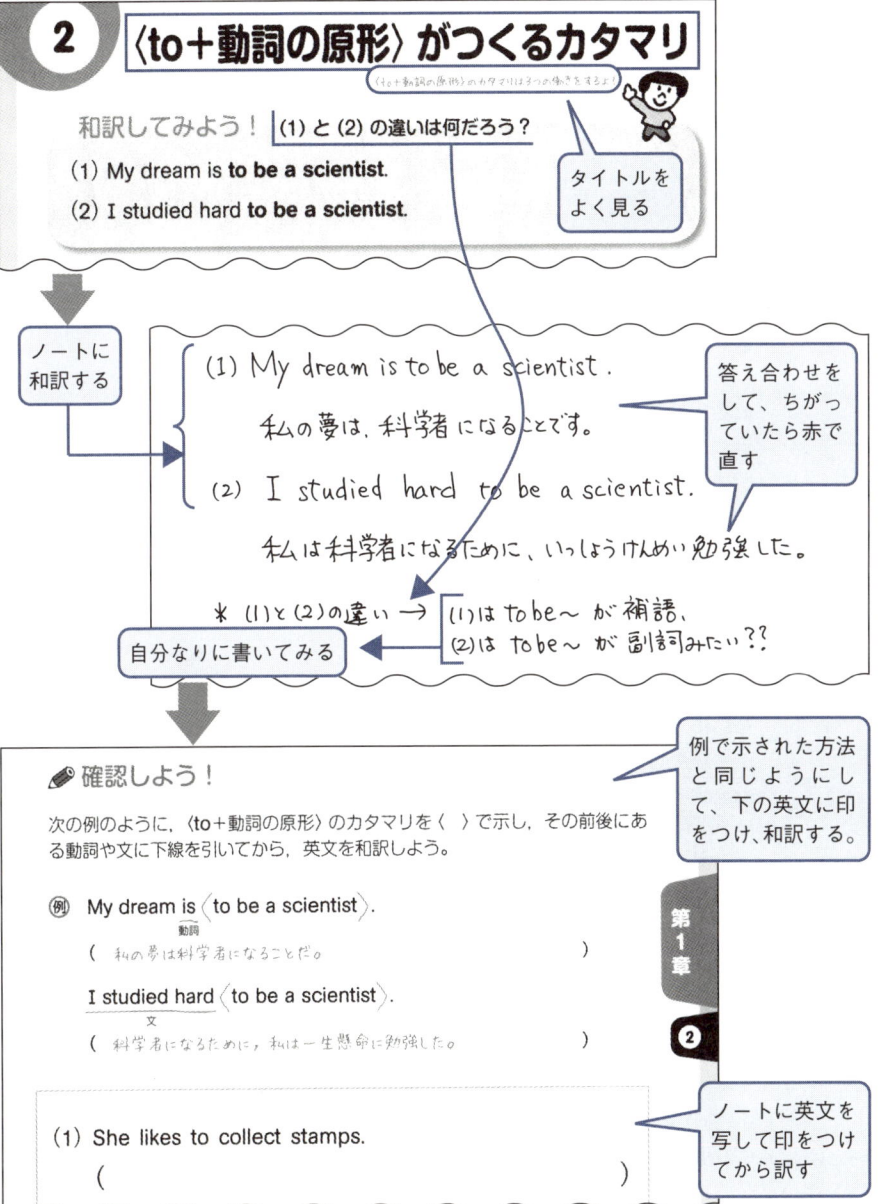

② 〈to＋動詞の原形〉がつくるカタマリ

〈to＋動詞の原形〉のカタマリは3つの働きをするよ！

和訳してみよう！ (1) と (2) の違いは何だろう？

(1) My dream is **to be a scientist**.
(2) I studied hard **to be a scientist**.

→ タイトルをよく見る

ノートに和訳する →

(1) My dream is to be a scientist.
　　私の夢は、科学者になることです。

(2) I studied hard to be a scientist.
　　私は科学者になるために、いっしょうけんめい勉強した。

→ 答え合わせをして、ちがっていたら赤で直す

※ (1)と(2)の違い → (1)は to be〜 が補語、
　　　　　　　　　(2)は to be〜 が 副詞みたい??

← **自分なりに書いてみる**

✏ 確認しよう！

次の例のように、〈to＋動詞の原形〉のカタマリを〈　〉で示し、その前後にある動詞や文に下線を引いてから、英文を和訳しよう。

→ 例で示された方法と同じようにして、下の英文に印をつけ、和訳する。

例　My dream <u>is</u> 〈to be a scientist〉.
　　　　　　　動詞
　　（　私の夢は科学者になることだ。　　　　　　　　）

　　<u>I studied hard</u> 〈to be a scientist〉.
　　　　文
　　（　科学者になるために、私は一生懸命に勉強した。　）

(1) She likes to collect stamps.
　（　　　　　　　　　　　　　　　　　　　　　　　）

→ ノートに英文を写して印をつけてから訳す

105

出てきた文法事項を"辞書本"で調べて理解する　0～40分

各課で文法用語が出てきたときは、適宜"辞書本"の『くもんの高校英文法』でその項目を調べる。**関連する知識を固めておくことで確実に解釈力が上がるので、サボらずに実践しよう。**以下、課ごとに参照してほしい文法項目を示しておく。

文法用語を『くもん高校英文法』で調べる

課	調べる文法用語・ことがら	『くもんの高校英文法』の参照ページ（注1）
2	to不定詞の3用法 （名詞用法・形容詞用法・副詞用法）	162～170
3	動名詞／現在分詞（注2）	156,157,158,159
4	過去分詞	160,161
5	関係代名詞（who・which）	214,222,223,228,229
6	関係副詞（when・where）	220,223,225
7	関係代名詞（whose）	215
8	関係代名詞（what）	224
13	分詞構文	159,161
14	等位接続詞	196
18	形式主語・形式目的語	119,132,163,198
19	強調構文（または分裂文）	274
20	無生物主語（構文）	188,59,180,192[3]
21	動名詞の意味上の主語 to不定詞の意味上の主語（注3）	170～173,162,163
23	過去形・現在形・未来形・時制の一致	12～17,26,47,306
24	話法（直接話法・間接話法）	306,307
25	仮定法過去・仮定法過去完了・仮定法未来	254～257
27	倒置	276～279
33	as（注4）	英語さくいん参照
34	that（注4）	英語さくいん参照

（注1）…その他、気になることがあれば適宜参照する
（注2）…「分詞構文」は13課をやるときに調べる
（注3）…21課に「to不定詞」は出てこないが、ここでセットで調べておく
（注4）…いますぐに全部細かく覚えられなくてもよい

● LEVEL 2　解釈の基礎　●　『やさしい英文解釈』

文法用語を『くもん高校英文法』で調べる

POINT 〈to＋動詞の原形〉を見つけたら、まずは3つの意味を思い出そう！

〈to＋動詞の原形〉の意味
※to の不定詞とも言うよ。
① ～すること ←名詞の働き
② ～するために、～するように ←副詞の働き
③ ～するための(代)名詞 ←形容詞の働き

◎ P.162
〜
P.170

③の意味では、(代)名詞の直後に〈to＋動詞の原形〉が続くよ。
つまり、(1) と (2) の英文は①か②のどちらかになるね（③については p.24 で！）。

『くもんの高校英文法』で調べる　→　掲載ページをメモしておく

4　不定詞の基本的用法（1）
〈名詞的用法〉

STEP 133

I want **to become** a musician.
私はミュージシャン**になることを**望んでいる（＝になりたい）。

My dream is **to become** a musician.
私の夢はミュージシャン**になることです**。

→ 例文を読み、訳を確認する

☞ 上下の文の to become 〜 は、動詞の become に to がつくことにより、名詞の働き（〜になること）をするようになっています。そして、その to become 〜 が、上の文では動詞 want の目的語になり、下の文では be 動詞の補語になっています。

→ 説明を読んで2つの例文のちがいをおさえる

POINT 1　動詞（原形）の前に to のついた形を「不定詞」（または「to 不定詞」）といいます。
不定詞は、名詞の働き（〜すること）をして、文の主語や補語になったり、動詞の目的語になったりすることがあります。これを不定詞の「名詞的用法」といいます。

To live without hope is very hard.
希望なしで**生きることは**とてもつらいものです。〈主語〉

Our policy is **to be** honest and open.
私どもの経営方針は誠実で率直**であることです**。〈補語〉
▶ be 動詞の不定詞は to be。

They decided **to start** a new business.
彼らは新しいビジネスを**始めることを**決めた。〈動詞 decided の目的語〉
▶ 不定詞は動詞の目的語にはなるが、ふつう前置詞の目的語にはならない。

→ 細かい解説はかならず下に載っている例文を参照しながら、丁寧に理解していく。

『くもんの高校英文法』（くもん出版、p.162）

＊『くもん高校英文法』では以下、164ページで「形容詞的用法」、165〜166で「副詞的用法」を扱っているので同様のやり方で理解を深める。

週末の復習

○ "辞書本"の復習も含めて、理解と定着を深める　90分

　週末（土日）の復習（1回目）では、その週に取り組んだ範囲の復習と練習問題をセットにして取り組む。あわせて『くもんの高校英文法』で調べた範囲についても、もう一度読んで理解をさらに深めておく。

1 「確認しよう！」と「練習問題」に取り組む〈30分〉

　まずは各課の「確認しよう！」の英文の和訳をノートに書いて答え合わせをする（英文はノートに書き写さなくてもいい）。31〜34課は総復習（2回目）をやらないので本に直接和訳を書き込んでもいい。

　答え合わせをしたら、もう一度「POINT」を読み直し、重要なことがらを頭に入れる。とくに、うまく訳せなかった英文があった場合は、該当する英文（文の構造）の説明を丁寧に読んで理解し、重要なところに印をつけておく。

　以上について、その週の範囲を終えたら「練習問題」を解いて答え合わせをする。これもノートに解く。まちがえた場合は、とくに重要なものは解説とあわせて参照すべきページが書かれているので、そこに戻って「POINT」を再確認する。

2 "辞書本"でその週に調べた範囲を再読する〈60分〉

　その週に出てきた文法項目で『くもんの高校英文法』で調べたことをもう一度読んで理解する。前回よりも細かく見て知識を整理する。

総復習（4週目）

○ 週末の復習と同じことをくり返す　90分

　「週末の復習」と同じ方法で取り組むが、復習範囲が広いので「確認しよう！」は前回間違えた問題だけを訳し直す。「練習問題」は全問正解を目標に本に直接書き込んで総仕上げをする。残った時間で"辞書本"の復習を念入りに行う。

● LEVEL 2　解釈の基礎 ●　『やさしい英文解釈』

「練習問題」の取り組み方

練習問題 1

カタマリが何の働きをしているのかに注意して読んでみよう！

次の英文を読み，問に答えよう。

① I have had a little bird named Lily for ten years.　② She often sings, looking at me.　③ I love hearing her voice.

1 例文を読んでみる

2 問題の意味をよく理解してから取り組む

問　次の例のように，①〜③の英文中のカタマリを〈　〉で示し，その働きと，文のS・V・O・Cを確認してから，英文を和訳しよう。

例　She bought |a jacket| 〈made in Italy〉.
　　　S　　V　　　O　　　　　形
　　（彼女はイタリア製のジャケットを買った。）

① I have had a little bird named Lily for ten years.
（　　　　　　　　　　　　　　　　　　　　　　　　　　　）

3 ノートに答えを書く

① <u>I</u> <u>have had</u> <u>a little bird</u> 〈named Lily for ten years〉.
　S　　　V　　　　O　　　　　　形
私はリリーと名づけられた小さな鳥を 10 年間飼い続けている。

4 答え合わせをする

5 まちがえたところを確認してノートを添削し，復習する

練習問題 1 の答えと解説

① <u>I</u> 〈have had〉 |a little bird| 〈named Lily〉 〈for ten years〉.
　S　　V 動　　　　O　　　　　形　　　　　　副
私は 10 年間（ずっと），リリーという名の小鳥を飼っている。

▶ for ten years のような，〈前置詞＋名詞〉は副詞の働き (p.20)。
　　10 年間

参照ページに戻って復習する

109

Best Selection 5　●構文把握力の強化●

英文を「正確に読む」ために必要な構文把握力を徹底的に鍛え上げる！

伊藤和夫『ビジュアル英文解釈PART I』（駿台文庫）

略称　『ビジュアル I』

Purpose この本を使う目的

"フィーリング読み"から脱却し、確実な読解力をつけよう

　学校の定期テストなら、それなりに勉強してのぞめば、そこそこの点を取れるだろう。しかし、実力テストや模試となると、そうはいかない。知っている単語の意味をつなげて、「なんとなく、こんな感じだろう」と思いながら訳した英文が、全訳を見るとまったくちがう内容だった、という経験はだれにでもあるはずだ。

　多くの人は、それでも「勉強していれば、そのうちデキるようになるだろう」と考える。ところが、いつまでたっても模試の成績は上がらないし、「長文を読めるようになってきた」という実感も得られない。やがて、「読めないのは、単語力の不足が原因だ」と勝手に思い込み、単語の丸暗記をはじめる……。

　これが、最後まで英語が伸びずに入試で失敗する受験生の典型的なパターンだ。

　何がマズいのか。『ビジュアル I』の著者である故・伊藤和夫氏は、「はしがき」でこう指摘する。「……（前略）今までのやり方、単語の意味を調べたあとは、フィーリングと想像力を働かせて文の内容らしいものをデッチ上げるというやり方では、一歩も前へ進めない（後略）……」（ivページ）。

　見事に核心をついている。「フィーリングで英文を読むクセ」から抜け出せないかぎり、どうあがいても読解力は伸びないのだ。

　長文が読めない最大の原因はズバリ、「構文把握力」がないことにある。つまり、「**論理的に英文を読む**」ノウハウが身についていないのだ。中学～高校初級レベル

の英文なら、単語の意味と文法知識を機械的にあてはめれば簡単に訳せるが、入試レベルの英文となるとそうはいかない。

まず、下の英文を見てほしい。

> (1) This is said to be the best dictionary.
> (2) I made her go to school.

(1)は「これは最高の辞書と言われている」、(2)は「私は彼女を学校にいかせた」。いずれも一発で訳せるだろう。

では、つぎの英文はどうだろうか（『ビジュアルⅠ』18課から抜粋）。

> Like love, imagination may very fairly be said to 'make the world go round', but, as it works out of sight, it is given very little credit for what it performs.

前半（butの前まで）は、(1)と(2)の構文を組み合わせただけの英文だが、フィーリングに頼った読み方では、英文の構造を見誤って、トンチンカンな訳になってしまう。

そこで必要になるのが、**「構文把握力」**だ。たとえば上の英文では、'imagination' が主語（S）、'may be said' が述語動詞（V）であることを見抜けるかどうかが最大のポイントで、骨格となる英文の訳は「想像力は世界を動かすと言われるだろう」となる。これに 'Like love'（愛のように）や 'very fairly'（まったく正しく）が修飾的に挿入されていると考えればいい（全体でどう訳せばいいかなど、詳細は『ビジュアルⅠ』の18課を参照）。

『ビジュアルⅠ』は、このような構文把握力、つまり**「英文の構造を文法（構文）のルールにそって論理的に解析する力」**を、基本から徹底的に鍛え上げてくれる名著だ。

Good Point この本の特長
読めば絶対に力がつく！
"くどい"ほど丁寧で理づめの解説

　『ビジュアルⅠ』は全35課の構成で、**中学レベルからセンターレベルまで、良質かつ幅広いテーマの英文を収録**している。

　入試レベルのむずかしめの英文を収録した類書が多い中、中学レベルの基本に立ち戻って「構文把握力」を鍛え上げていく構成は実戦的で、基本に立ち返ることの重要性を気づかせてくれる。この1冊を仕上げたあとは、模試で点が取れるようになるなど、目に見える効果が期待できる。

　しかし、最大の特長は"くどい"ほどくわしい本文の解説だ。すべての英文について「どう解釈すればいいか」「なぜそういう訳し方をするのか」が理づめで書かれていて、読んでいてほとんど疑問が残らないようになっている。複雑な構造の英文は図で解説したり、すでに出てきた「同じ構造で簡単な英文」を何度も引用したりと、とにかく「理解させよう」という著者の意気ごみが伝わる。

Cautions 勉強するときの注意点
"くどさ"に負けない忍耐力を！

　解説のくわしさが長所である反面、理屈っぽい解説が延々とつづくために、うんざりするかもしれない。しかし、ここは踏ん張りどころだ。「理解を放棄する」ような態度で流し読みしてしまうと、いつまでたっても"フィーリング頼みのいい加減な読み"から脱却できない。

　それまでのような"いい加減な読みグセ"を変えるには、くどいくらいの理づめの解説はむしろありがたい。

　文法用語もひんぱんに出てくるが、英文の構造を理解するには、どうしても文法ルールに立ち戻る必要がある。「細かい、くどい」と思っても、忍耐力で食らいつくしかないと腹をくくってほしい。『ビジュアルⅠ』にどこまでしっかり取り組めるか、食らいつけるかが、今後、**キミの英語の実力がどこまで伸びるかの分かれ目**となるからだ。

● LEVEL 2　入試長文 ●　『ビジュアルⅠ』

『ビジュアルⅠ』攻略プラン

1日1コマ90分

	月	火	水	木	金	土	日
1週目 ➡	1課	2課	3課	4課	5課	1週間の復習	
2週目 ➡	6課	7課	8課	9課	10課	1週間の復習	
3週目 ➡	11課	12課	13課	14課	15課	1週間の復習	
4週目 ➡	16課	17課	18課	19課	20課	1週間の復習	
5週目 ➡	21課	22課	23課	24課	25課	1週間の復習	
6週目 ➡	26課	27課	28課	29課	30課	1週間の復習	
7週目 ➡	31課	32課	33課	34課	35課	1週間の復習	
8週目 ➡	総　復　習　期　間						

長文読解が苦手なすべての人に！

For Whom　この本で学ぶべき対象者

「定期テストはまずまずだが、模試に弱い」「ちょっと複雑な英文、センター試験レベルの英文になると手が出ない」「長文を読んでいると、自分で勝手にストーリーをつくってしまい、誤答してしまう」などの悩みをかかえている受験生がおもな対象者となる。

少なくとも、英語がいつも平均点前後かそれ以下で伸び悩んでいる受験生なら、この『ビジュアルⅠ』に取り組んで絶対に損はないと断言しよう。

『くもん英文法』のあとにすぐ取り組むことも不可能ではないが、ここはワンクッション置いて、『やさしい英文解釈』で高校の構文や文法事項を確認してからのほうがスムーズに接続でき、途中で挫折するリスクを減らせる。

また、英語が得意で、学校の授業では全然物足りない中学生にも、積極的にすすめたい1冊だ。

"復習重視"の8週間プラン

全35課を、総復習も含めて2か月（8週間）で終わらせる計画を立てる。前ページの表のように、平日の月～金は1課ずつ、計5課進め、土日は「週間復習」とする。これを7週間つづけると、ちょうど35課までいく。

最後の8週目は、全範囲を見直す総復習期間とする。参考書の内容が濃いので、全体の3分の1以上（56日中21日）を復習にあて、構文把握の基礎を確実にかためながら、英文読解のノウハウをしつこくすり込んでいこう。

なお、1日あたりの勉強時間は、平均90分を見積もっておく。

課によって英文の長さがちがうので、90分で終えられないこともあるだろうが、そのあたりは柔軟に対応しよう。「時間がきたから終わりにする」ではなく、「**やるべきことをやったから終わりにする**」というような"**量を基準とする勉強習慣**"をつくり上げてほしい。

すべての英文を拡大コピーしておく

『ビジュアルⅠ』では、全35課の英文をすべて手書きで全訳し、そのあと一文一文について、解説と原文を見ながら添削を行う。

この一連の作業を効率的に行うために、ノートの左ページに英文のコピーを貼り、右側に訳を1行おきに書くスタイルで進めていく（次ページ参照）。

そこで、『ビジュアルⅠ』に収められている1～35の英文は、あらかじめ拡大コピー（122パーセント）しておこう。

そのほかに用意しておくものは、B5判の大きさのノートと、"スティックのり"（「TOMBOW　シワなしPIT」がきれいに貼れて便利）、ハサミ、エンピツ（シャープペンシル）、赤のボールペンなどだ。

● LEVEL 2　入試長文 ●　『ビジュアルⅠ』

『ビジュアルⅠ』専用ノートの作り方

1. 『ビジュアルⅠ』の「例題」を拡大コピーする

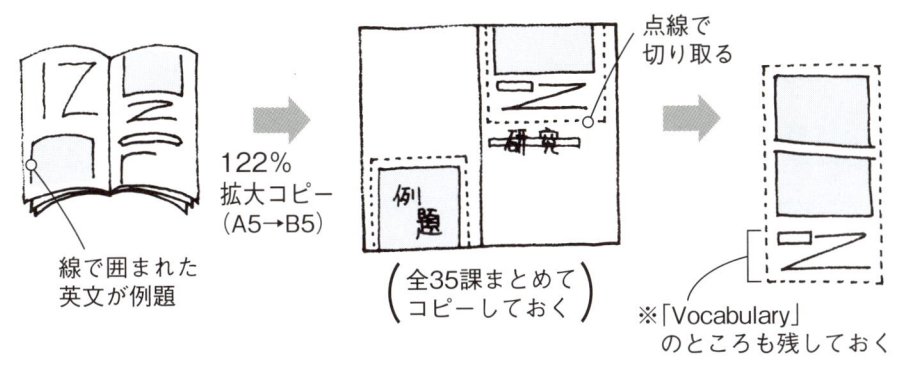

122％
拡大コピー
(A5→B5)

線で囲まれた
英文が例題

点線で
切り取る

（全35課まとめて
　コピーしておく）

※「Vocabulary」
のところも残しておく

2. コピーをノートの左ページに貼る

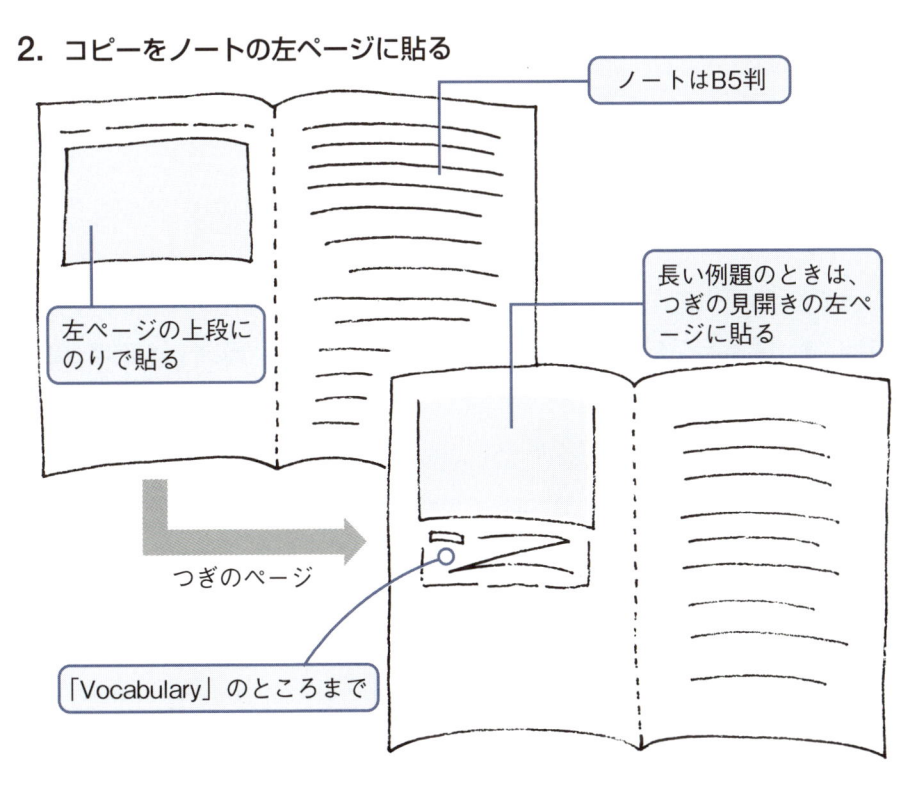

ノートはB5判

左ページの上段に
のりで貼る

つぎのページ

長い例題のときは、
つぎの見開きの左ペ
ージに貼る

「Vocabulary」のところまで

How To Use 着実に「構文把握力」がつく！
『ビジュアルⅠ』の上手な使い方

毎日の勉強法

●「焦点」から「Home Room」までの流れ

『ビジュアルⅠ』は、各課ともにつぎの順に構成されている。

> 「焦点」➡「例題（英文）」➡「研究（解説）」➡「大意」➡「Home Room」

　勉強も、ほぼこの順に進めていくことになるが、ここでいちばん時間をさきたいのが「例題の全訳」と「研究（解説）」の熟読だ。

　90分の勉強時間を想定すると、この２つの作業にそれぞれ30分ずつ、計60分はつぎ込むつもりで取り組む（次ページ参照）。

　「焦点」にもかなり内容の濃いことが書かれているが、全体のバランスからすると、ここはウォーミングアップ程度に考えておく。

　以下では、『ビジュアルⅠ』の18課（140～144ページ）を例として使い方を説明する。意図するところを正確にくみ取ってもらうためにも、そのページを開きながら読み進めてほしい。

●「焦点」を読む　　　　　　　　　　　勉強時間　5分

1. "ひと手間"で理解できることは確実に！

　冒頭の「焦点」には、つぎの例題に出てくる重要な文法事項や解釈上のポイントなどがまとめてある。ここは、１行ずつ理解しながら熟読する。ただし、「"ひと手間"かければわかることはその場で理解し、わからないことは深追いしない」という方針をつらぬいてほしい。そうしないと、いたずらに時間をムダにしてしまうからだ。

『ビジュアルⅠ』の進め方

▼「1日1コマ90分」の勉強法の流れ

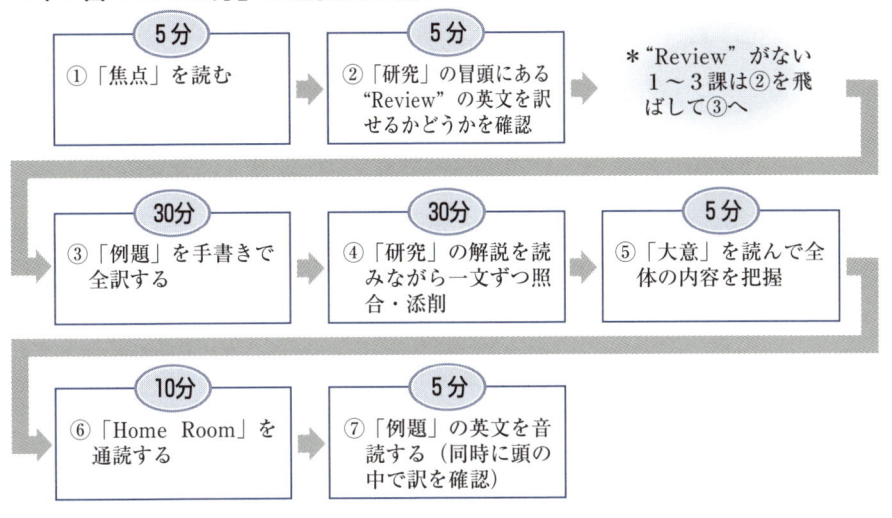

5分 ①「焦点」を読む
→ **5分** ②「研究」の冒頭にある"Review"の英文を訳せるかどうかを確認
→ ＊"Review"がない1〜3課は②を飛ばして③へ

30分 ③「例題」を手書きで全訳する
→ **30分** ④「研究」の解説を読みながら一文ずつ照合・添削
→ **5分** ⑤「大意」を読んで全体の内容を把握

10分 ⑥「Home Room」を通読する
→ **5分** ⑦「例題」の英文を音読する（同時に頭の中で訳を確認）

　たとえば18課の「焦点」（140ページ）は、'the near future'と'near the future'のちがいからはいっているが、4行目には「p.99で説明しました」と親切に書いてくれている。この2つのちがいがピンとこなければ、指示に従ってp.99を開いて確認してみれば、「ああ、そうだった」となって、その場で理解することができる。

　「焦点」では、このように適宜「→p.○○」という指示があるので、「あれ、どうだったかな？」と思ったときは、面倒くさがらずに確認、理解するのが原則だ。

　また、下から5行目には「疑問副詞」という用語が出てくるが、『ビジュアルⅠ』には索引がない。そこで、ためしに『くもん英文法』か『くもんの高校英文法』（99ページ参照）で調べてみよう。すると「疑問副詞」とは、ようするに'how'や'when'などのことだとわかる。

　このように、"ひと手間"をかければわかることは、その場で確実に理解しながら読み進めていこう。

2 "その場でわからないこと"は深追いしない！

いっぽうで、18課の「焦点」には、「名詞節が前置詞の目的語になる場合について」として、(1)〜(4)のまとめが出ているが、そのうちの(1)では、「接続詞のthatではじまる節は、特殊な例外を除いて、前置詞の目的語になることができません」(140ページ上から8行目) と書かれている。

この文章を読んだだけで、「うん、そうだそうだ」とすぐに納得できる人は少ないだろう。こういう場合、『くもんの高校英文法』にあたるが、それでもピンとこなかったり、見つからなかったりしたら、重要なことであればまたあとの課で具体例が出てくるので、いまの段階で無理に覚えようとしなくていい（ただし、例文があるときは、1回音読して、訳を理解できるようにしておこう）。

このように、あちこち参照しながら最後まで熟読したら、こんどは最初から最後まで一気に通読して、頭の中を整理する。

●「Review」の例文を訳す　　5分

「焦点」を読んだあとは、本来なら例題の全訳作業にはいるところだが、その前にやっておきたいのが、「研究」の冒頭にカコミで示されている《Review》の確認作業だ。

《Review》では、その課の例題に出てくる重要構文のうち、前の例題にも出てきたものを再度掲載してある（ただし、3課までは《Review》がない）。くり返し重要構文を確認し、自分のものにするのがねらいだ。

《Review》に出てくる例文は、1回音読してから、訳を確認しよう。例題に取り組む前にこれをやっておくことで、全訳作業がよりスムーズに進む。うまく訳せなかった例文は、かならず参照ページに戻って復習しておこう。

●「例題」に取り組む　　30分

さて、ここまで10分程度で終えたら、ウォーミングアップは終わりだ。いよいよ、「例題」に取り組もう。ここからはコピーを貼りつけた自分の**ノートを使う**。

1 辞書を使わずに全体を通読する（1回目）

　例文は、大まかな意味をつかむことを意識して全体を通読しよう。知らない単語があっても、ここでは辞書を引かず、意味や品詞を推測する努力をしながらエンピツで下線を引き、一文ごとに①、②…と番号をふっていく。

2 英文の"区切れ"を意識して熟読する（2回目）

　2回目は、英文の区切れを意識しながら、ゆっくり読み進めよう。

　このとき、区切れると思ったところに「／」を書き込みながら、意味を取っていく。また、主語に「S」、述語動詞に「V」を書いておく。

　知らない単語は、例題の最後についている「Vocabulary」で確認するが、中には意味を直接的には書いていない単語や熟語もあるので、「Vocabulary」に出てくる用法を見ながら、最適な意味を小さく書き込んでおく。それ以外のわからない単語については、辞書を引くのは**1行につき1個だけ**と決めて意味を調べる。

3 "直訳調"の訳を1行おきに書く（3回目）

　ノートの右ページにも①、②…と番号をふって、1行おきに自分で訳して書いていこう。

　このとき、無理にこなれた日本語にしようとせず、直訳調で書く。そのほうが、構文の構造を正しく把握できたかどうかを、あとで判断しやすいからだ。

　この段階でまだわからない単語がある場合、前後から推測して訳をデッチあげる。どうしても訳せない部分（一文）には下線を引き、訳は空白にしておく。

　つぎのページに、1〜3のやり方で作ったノートの例を載せておいたので、参考にしてほしい。

No. ＿＿＿＿＿＿＿＿＿
Date ・ ・

2 スラッシュやS、Vなどの記号を書き込む

1 一文ごとに①、②…の番号をふる

① We all agree that/the aim of education/is to fit the child for life/;
   　S 　V 　　　　　　　目的 　　　　　　　　 慣れる？
however,/there are as many opinions/as to how that fitting is to be
　　　　　　　　　　　(S)　意見　(V)
done/as there are men to hold them./For example,/fully half of our
　　　　　　　　　　　　　　　　②
teachers/cannot see/that imagination is the root/of all civilization./
③ S 　　　　V 　　　　想像力(S)　　　　　(V)　根源 　　　　　　文明
Like love,/imagination may very fairly be said/to 'make the world
　　　　　S　　　　　　　　　正しく(V)
go round,'/but,/as it works out of sight,/it is given very little credit
　　　　　　　行う S　　V　視野にない　　　S　　　V　　　　　信用
for what it performs.
　　　　　　　　　　　　　　　　　　　　　　　　　　　　(東大)

調べた単語の意味を書く

Vocabulary　　fit ... for Have you *fitted* yourself *for* teaching? (教えるのに慣れましたか)　opinion 意見　imagination 想像力　root 根, 根源　fairly 正しく, 公正に　out of sight The plane went *out of sight*. (飛行機は視野から消えた)　give ... credit for They gave him *credit for* the discovery. (彼らはその発見の功績を彼のものとした)　perform 行う, 果たす。

訳せない一文に下線を引く

120

● LEVEL 2　入試長文 ●　『ビジュアルⅠ』

訳ノートの作り方

> 3 英文に対応する番号を書き、1行おきに訳を書いていく

① 私たちはみんな、教育の目的が子どもたちを人生に慣れさせること

だと同意している。しかしながら……？？

> どうしても訳せないところは無理をせず空白にしておく

② たとえば、私たちの先生のかなり半分が、想像力は全ての文明の

根源であることが見えない。

③ 愛が好きで、想像力はとても正しく"その世界を回す"ために

言われるかもしれない、しかし、それは視野がなくなるので、

それはとても少しの信用が、それが何を行っているのかのために

与えられる。

> わからないなりに訳を書いておくと、自分の解釈のまずい点があとではっきりする

●「研究」から最後の音読まで　　🕐 50分

1 「研究」を読みながら自分の訳を添削する〈30分〉

　全訳作業を終えたら、「研究」の解説を読みながら、自分の訳を一文ずつ丁寧に添削していこう。このとき、正しく構文が取れていて、日本語として不自然な訳でなければ、添削する必要はない。

　まちがってはいなかったが、解説に書いてある訳し方のほうがいいと思った場合は、自分の訳に△をつけ、空けているスペースにその訳を書いておく。

　また、明らかにまちがっている場合は、×をつけて自分の訳を線で消し、正しい訳を書く。この**添削ノートのやり方は124〜125ページ**に載せておいたので、参考にしてほしい。

> ◆ ココに注意して進めよう！ ◆
>
> - 解説を読んだら、まずはその英文に戻って構造を確認する。そのあと、「自分の訳のどこがまちがっていたのか」「なぜ解説のような訳になるのか」を理解してから、訳の添削にはいる。
> - 英文の構造が正確につかめなかった文や、その文の解説の中に出てきた例文は、ノートに書き写しておく。
> - 知らない単語が残っているときは、この段階で辞書を引いて調べておく（単語のわきに意味を書き込む）。

2 「大意」と照らし合わせて、全体の趣旨を確認〈5分〉

　ここまでは「研究」の解説を読みながら、文ごとの細かい訳の照合・添削をしてきた。この作業をひととおり終えたら、最後に一文ずつ英文と「大意」（全文訳）とを突き合わせ、全体の訳を確認する。英文全体の趣旨や筆者の主張などをしっかりとらえよう。

　うまく訳せなかったところは、とくに念入りにチェックし、もう一度解説を読みながら英文の構造と訳の関係を照合する。

3 「Home Room」を通読する〈10分〉

「Home Room」では、「生徒」からの質問（たとえば「こう訳してもいいのか」とか「『不定詞』とは何が"不定"なのか」などの素朴な疑問）に、「先生」が答える対話形式で進む。

ここでは、多くの受験生がアイマイに理解したまま進んでしまいやすいことを、丁寧に解説してくれるので、しっかり読んで理解しておくと、あとの勉強で役に立つ。対話形式なのでつい読み流してしまうところだが、必要に応じて本文に戻りながら、理解を深めておきたい。

4 「区切って音読 → 頭の中で訳す」で通読〈5分〉

しめくくりは、本文を通して音読する。このとき、語句の切れ目を意識しながら、同時に頭の中にその部分の訳を思い浮かべるようにして読む。

以下はその例で、カッコ内は頭の中の訳だ。

> We all agree that／（私たちは皆意見が一致する）the aim of education／（教育の目的が）is to fit the child for life;／（子供を人生に適応させることだということに）however, there are as many opinions／（しかしながら、そのくらい同じくらい多くの意見がある）as to how that fitting is to be done／（いかにしてその適応を行うかについては）as there are men to hold them.（どれくらいかというと、それらの意見を持つ人と同じほど）

もし訳が思い浮かばなければ、その部分が頭にはいっていないか、構文把握が正確でない証拠なので、その場ではとりあえず自分のノートに書いた訳か、『ビジュアルⅠ』の「大意」を参照する。全文を音読したあとにもう一度解説を見て、英文の構造と訳のコツをつかむ。

最後に、うまく訳せなかったり、構造を取りちがえていたりした部分は、**本に戻ってその箇所に鉛筆で下線を引いておく。**

No. ....
Date ・ ・

① We all agree that/the aim (目的) of education/is to fit (慣れる?) the child for life/;
  (S)   (V)   (S) 意見   (V)
however,/ there are as many opinions/as to how that fitting is to be
done/as there are men to hold them./For example,/fully half of our
                    ② 想像力   根源   文明
teachers/cannot see/that imagination is the root/of all civilization./
③ S   (S) 正しく(V)
Like love,/imagination may very fairly be said/to 'make the world
              S   視野にない   V   信用
go round,'/but,/as it works out of sight,/it is given very little credit/
行う S   V   S   V
for what it performs./
                                                              (東大)

Vocabulary   fit ... for Have you *fitted* yourself *for* teaching? (教えるのに
慣れましたか) opinion 意見 imagination 想像力 root 根, 根源 fairly 正しく, 公
正に out of sight The plane went *out of sight*. (飛行機は視野から消えた) give
... credit for They *gave* him *credit for* the discovery. (彼らはその発見の功績を
彼のものとした) perform 行う, 果たす.

うまく訳せ
なかった英
文を書き出
して、解説
を見ながら
解析

① there are (as) many opinions as to [how that fitting is to be done]
    同等比較 ↕   ～について   (S) その適応

  (as) there are (many) men to hold them
                「人の数と同じくらい多くの意見がある」が骨格！

③ imagination may (very fairly) be said / to 'make the world go round'
  「想像力は、まったく正当に   (V) ↓ (O)   (C)
   ～と言われることができる」   「世界を回らせる」（第5文型）
              ?
  [as it works out of sight,]
   ～なので   ↓修飾

  it is given very little credit / for [what it performs].
  それは、ほんの少ししか与えられない、(O) それが成しとげること
  名誉が、～に対して、

● LEVEL 2　入試長文 ●　『ビジュアルⅠ』

訳ノートの添削例

```
                                        No. _____
                                        Date ・ ・
① 私たちはみんな、教育の目的が子どもたちを人生に慣れさせること
                は              適応させることにある
  だと同意している。しかしながら…××？？
  ということで意見が一致している。　その適応をどうやって行うか
                              （その適応の方法）
  については、その意見の持ち主の数と同じくらい多くの意見がある。
② たとえば、私たちの先生の少なくと半分が、想像力は全ての文明の
                   たっぷり、ゆうに
  根源であることが見えない。
                 理解できない
③ 愛が好きで、想像力はとても正しく"その世界を回す"とされた
    と同じように            世界を動かす    と
  言われるかもしれない、しかし、それは視野がなくなるので、
  言って　まったく正しい       目に見えないところで働くために
  それはとても少しの信用が、それが何を行っているのかのために
                                その成果に対して
  与えられる。→正当な評価を受けることはほとんどない。
```

「研究」の解説を読みながら添削していく。意味は取れているが解説の訳のほうがいいと思ったら「△」をつけて添削

[単語]
・fit A for B ＝ AをBに適応させる
・out of sight ＝ 視野に入らない、目に見えない
・credit ＝ 信用、名誉

知らなかった単語を書き出しておく

土曜日の勉強法（週間復習）

● 訳せなかった英文だけを訳す "ミクロ復習"　90分

　土曜日と日曜日の復習は、書き込みの少ない本を手もとに置いて行う。

　土曜日の復習では、月～金の間で進んだ範囲で、うまく訳せなかった英文（平日の最後の通読で、本のその部分にアンダーラインが引いてあるはず）をひろいながら、ノートに英文と訳を書いていく。訳を書いたら、平日と同じように添削する。

　このとき、面倒でも自分なりに構文解析をして、最低でも、どれが主語でどれが述語動詞なのかを、「研究」や「大意」と突き合わせながら、もう一度丁寧に確認してほしい。ここでもうまく訳せなかったり、構文把握ができなかったりした場合は、さらにもう1本、アンダーラインを引いておく。

日曜日の勉強法（週間復習）

● 全文を通して訳す "マクロ復習"　90分

　平日に進めた5課分の英文をすべて通読する。以下、1課分の復習法について説明するが、これを5課分くり返す。

1　区切りを意識して《音読 → 頭の中で訳す》

　本の英文を第1文から一文ずつ音読して、頭の中で訳していく（123ページの4と同じやり方）。一文訳したら、「大意」を見て、その訳が正しいか確認する。

　アンダーラインが引かれている英文にきたら、「なぜ自分が訳せなかったのか」を思い出して、とくに英文の構造に注意しながら訳そう。

2　それでも訳せない英文には「☆」マーク！

　訳せなかったら、その場では「大意」を確認するにとどめて、とりあえず先に進んでいい。ただし、全文を読み終わったら、訳せなかった英文だけをもう一度確認する。必要に応じて解説を読み、アンダーラインをもう1本追加する。ただし3本

目になる場合は、ラインの代わりに「☆」印をつけて目立たせておく。

　ある程度自信がある人は、一文ごとではなく、一気に全文を読み下してから、まとめて「大意」を確認する。このような読み方ができれば、このあとの速読の練習（たとえば、LEVEL 3で扱う『速読英単語　入門編』）でも役に立つ。

最終週の勉強法（総復習）

総復習は「1日5課」のペースで1週間

　攻略プランの8週目はすべての課について総復習を行う。ペースとしては「1日5課ずつ」で、1課あたり15〜20分、全部で1日あたり90分が目安だ。
　以下、1課分の総復習のやり方を示す。

1　「焦点」を読んだら、「☆」印の英文を訳す
　まず、冒頭の「焦点」をざっと通読する。つぎに、例題で「☆」印がついた英文を音読し、頭の中で訳してから「大意」を見て確認する。

2　一気に読み下して「大意」を確認する
　例題の英文を一文ずつ音読し、素早く頭の中で訳していく（123ページの 4 と同じ方法）。ただ、ここでは途中で「大意」を見ないこと。「左から右」の方向に、あと戻りせず最後まで読み、頭の中で訳がパッパッと出てくるようになっていれば合格だ。
　そのあとで「大意」をざっと読んで、全体の流れを再確認する。

3　"気になるところ"だけ解説を熟読
　「研究」は、理解できているかどうか不安なところだけをもう一度しっかり読む。「Home Room」も同様で読み流す程度でOKだ。最後にもう一度、英文を通して読み、不安な単語や熟語をチェックする。

Q&A

緊急「使い方」相談室

こうすれば、もっとうまくいく！
『ビジュアル英文解釈PARTⅠ』編

Q 「焦点」の文法的な説明で、よく理解できないことが多すぎます。そのまま進めても大丈夫でしょうか。

A ある程度勉強が進んでから戻ってみる

　文法用語が頻出する「焦点」は、もうすこし親切に説明してほしいと思うことがある。しかし、ここで時間をかけすぎるのは得策ではない。ただ、「焦点」や「研究」で出てくる文法用語は、『くもん英文法』や『くもんの高校英文法』(99ページ参照)で説明されていることが意外に多く、一度は調べてみる価値がある。それでも解決できなければ、気にせず先に進めよう。

　逆に、ある程度勉強が進んだ段階で、土日の復習などに「焦点」を読み直してみると、アッサリ理解できることもある。受験勉強というのは、そのときは理解できなくても、知識がストックされてきた状態で戻ってみると、「ああ、そういうことだったのか」と気づくことがけっこう多いものだ。

Q 知らない単語を調べるとき、電子辞書を使っていいですか。また、知らない単語はここで完璧に覚えるべきですか。

A "辞書引き"の時間はできるだけ節約

　使い慣れているのなら、電子辞書でもOKだ。本来なら"紙"の英和辞典で単語を調べ、ついでに辞書に出てくる例文なども読んでおくのが理想だが、いまの段階ではそこまでやる必要はない。単語の意味を調べることに時間を使ってしまうと、肝心の「構文把握」がおろそかになるからだ。

　和田式では、「単語は長文を読みながら覚える」のが基本だが、『ビジュアルⅠ』に取り組むときは「構文把握」に神経を集中してほしい。重要な単語なら

これから先の"読み込み"でもくり返し出てくるので、ここでは単語暗記に神経をとがらせることはない。

Q
うまく訳せなかった英文が多いので、土曜日の復習にものすごく時間がかかってしまいます。どうすればいいですか。

A "復習の分散"で土曜日の負担を減らす

　第1週目の土曜日の復習に、2時間以上かかってしまう場合は、復習のやり方を軌道修正したほうがいいだろう。この場合、復習を土曜日にまとめてやろうとせず、できるだけ分散させる。

　たとえば、その日の勉強で訳せなかった英文が多いときは、翌日に20～30分程度の時間を確保して集中的に復習する。多少時間はかかるが、より確実に記憶に定着するし、ここで半分くらいつぶすことができれば、土曜の復習も単純に半分の時間で片づくはずだ。

Q
自分で訳すと、とても「大意」のようなこなれた訳にならず、添削のときに赤ペンで真っ赤になって時間がかかります。

A 構文の把握ができていれば、つたない訳でもOK

　「大意」は、"英語のプロ"が細部にまでこだわって練り上げた名訳だ。もちろん参考になる部分はどんどん盗んでほしいが、マネしようと思って書けるものではない。構文を正しく把握して訳せているのであれば、多少つたなくても問題はない。

Best Selection 6　　　　　　　　　●英語総合力の底上げ●

理屈抜きの短文暗記で、"英語総合力"を底上げする！

大場智彦・中島和夫『セレクト70英語構文』（文英堂）

略称『セレクト70』

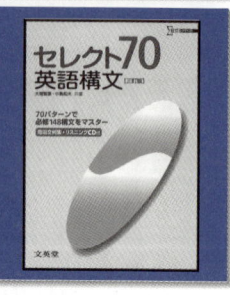

「暗記のみ」で実力アップを体感しよう！

Purpose　この本を使う　目的

　私は、受験戦略本を書きはじめたころから、一貫して「単語暗記より**短文暗記が大切**」と主張しつづけてきた。理由は単純で、短文暗記は、読解力から語い力、文法・英作文の対応能力まで、英語の総合力アップに直結するからだ。

　たとえば、ある重要構文を例文ごと覚えておけば、長文読解で同じような構文が出てきたときに、瞬間的に訳すことができる。文法問題や英作文への対応でも、'The car is worth repairing.'（その車は修理する価値がある）を1つ覚えておけば、同じ構文による空欄補充や英作文などは一発即答だ。単語や熟語も、短文と一緒のほうがはるかに覚えやすく、記憶への定着率が高まると同時に、語い力のアップを図れる。

　まさに"一石五鳥"とも言える短文暗記だが、英語が苦手な人ほど、これを避けて通ろうとする傾向がある。しかし、皮肉なことに英語が苦手な人ほど、「暗記すべきことを暗記していない」ことが原因となって英語で伸び悩む……。まさに悪循環だ。

　そこで、「暗記すればデキるようになる」側面があることを"体感"してもらいながら、英語総合力の底上げを図る。そのために取り組んでほしいのが、ここで紹介する『セレクト70』だ。

● LEVEL 2　構文　●　『セレクト70』

この本の特長 (Good Point)

多すぎず少なすぎない、"適度な分量"で最大効果を発揮！

　『セレクト70』は、高校レベルのあらゆる英文の読解に必要な構文を網羅している。

　タイトルに「70」とあるが、これは「主語と動詞」「分詞構文」などの分類項目の数で、実際は「基本例文」148例文と「類例」61例文の計209例文が収められている。

　この例文数は、「多すぎず少なすぎず」の適量だ。中学英文法の復習を終えて、「読み込み期」に移行するレベルの人にはちょっとつらいかもしれないが、がんばってすべて覚えれば**相当の効果を期待できる**。これまでコツコツ暗記する経験が少ない受験生には、「1冊完璧にやりとげた」という達成感をぜひ味わってほしい。

　「1項目で見開き2ページ、例文が2～4」の構成は簡潔で読みやすい。解説はアッサリしているが、右ページには問題演習があり、暗記した構文を整序英作文と和訳などに適用するトレーニングができる。

　「暗唱文例集」が別冊でついているので、空き時間に手軽に暗唱チェックができる便利さも評価ポイントだ。

勉強するときの注意点 (Cautions)

"空き時間"を有効に使おう

　解説は簡素で、「この構文はこういう意味です」ぐらいしか書いてないこともある。理屈で割り切れない部分があっても、気にしないことだ。「とにかく覚える」→「覚えれば絶対役に立つ」と信じて、愚直に取り組むほうがいい結果が出る。

　もうひとつ、時間の使い方に注意してほしい。構文の理解や問題演習は机に向かってじっくり行うが、それとは別に、**例文暗記は通学時間など、ちょっとした"空き時間"を活用**することが不可欠だ。毎日、一定の空き時間を確保できるように心がけよう。

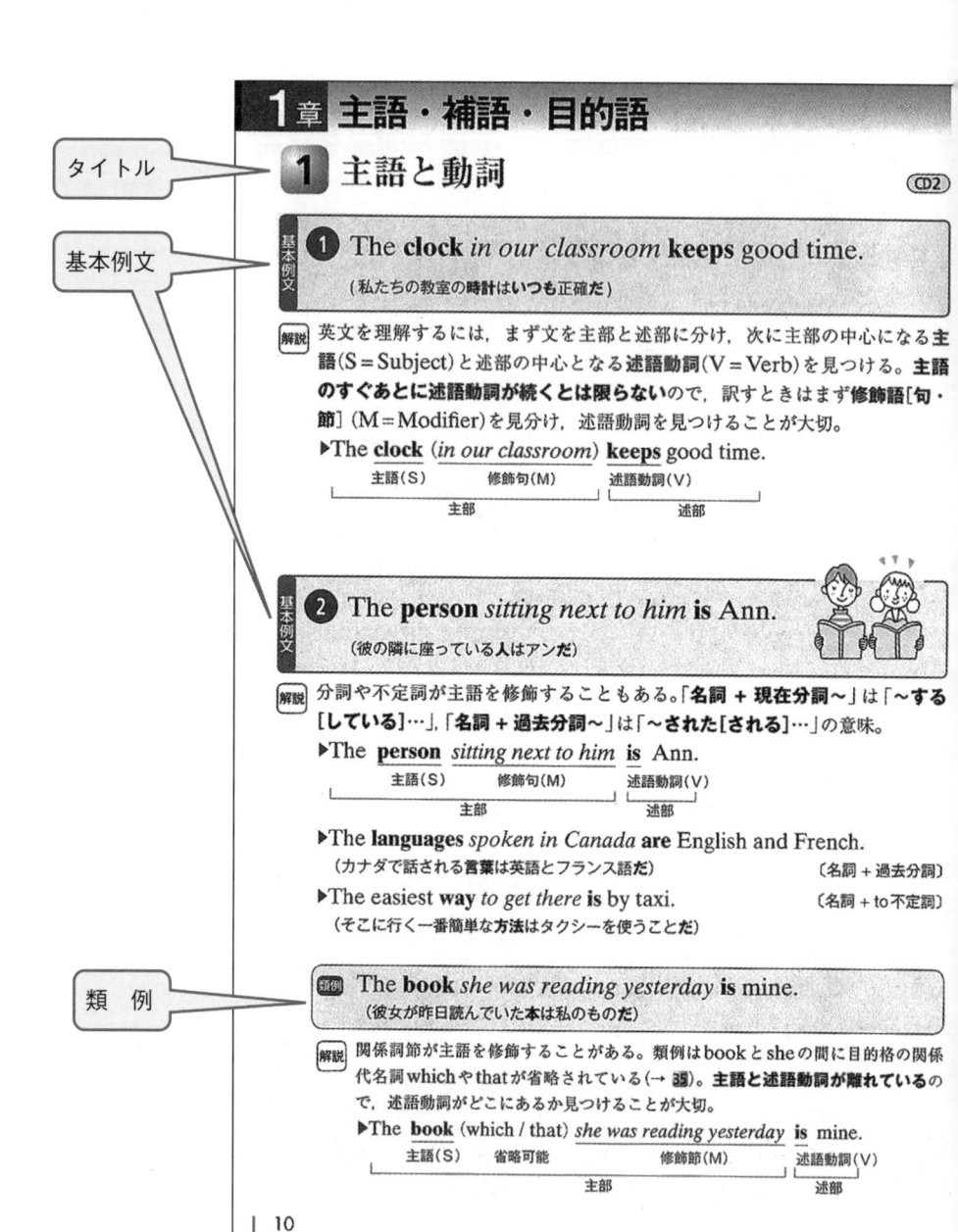

1章 主語・補語・目的語

1 主語と動詞

基本例文 ❶ The **clock** *in our classroom* **keeps** good time.
(私たちの教室の時計はいつも正確だ)

解説 英文を理解するには、まず文を主部と述部に分け、次に主部の中心になる**主語**(S=Subject)と述部の中心となる**述語動詞**(V=Verb)を見つける。**主語のすぐあとに述語動詞が続くとは限らない**ので、訳すときはまず**修飾語[句・節]**(M=Modifier)を見分け、述語動詞を見つけることが大切。

▶The **clock** (*in our classroom*) **keeps** good time.
　　主語(S)　　修飾句(M)　　述語動詞(V)
　　　　　主部　　　　　　　　　述部

基本例文 ❷ The **person** *sitting next to him* **is** Ann.
(彼の隣に座っている人はアンだ)

解説 分詞や不定詞が主語を修飾することもある。「**名詞 + 現在分詞~**」は「**~する[している]…**」、「**名詞 + 過去分詞~**」は「**~された[される]…**」の意味。

▶The **person** *sitting next to him* **is** Ann.
　　主語(S)　　修飾句(M)　　述語動詞(V)
　　　　主部　　　　　　　　　　述部

▶The **languages** *spoken in Canada* **are** English and French.
(カナダで話される言葉は英語とフランス語だ)　　〔名詞 + 過去分詞〕

▶The easiest **way** *to get there* **is** by taxi.
(そこに行く一番簡単な方法はタクシーを使うことだ)　　〔名詞 + to不定詞〕

類例 The **book** *she was reading yesterday* **is** mine.
(彼女が昨日読んでいた本は私のものだ)

解説 関係詞節が主語を修飾することがある。類例はbookとsheの間に目的格の関係代名詞whichやthatが省略されている(→ **38**)。**主語と述語動詞が離れているので、述語動詞がどこにあるか見つけることが大切**。

▶The **book** (which / that) *she was reading yesterday* **is** mine.
　　主語(S)　省略可能　　　　修飾節(M)　　　　　　述語動詞(V)
　　　　　　　　　主部　　　　　　　　　　　　　　　述部

10

EXERCISES

1 次の英文の( )内から適切な語(句)を選びなさい。
(1) あそこでポールに話しかけている人はだれですか。
　Who is the man (speaking / spoken / to speak) to Paul over there?
(2) あの背の高い白い服を着た女性は有名な歌手だ。
　That tall lady (dressing / dressed / to dress) in white is a famous singer.

2 日本文の意味を表すように，( )内の語(句)を並べかえなさい。
(1) 京都で地球温暖化に関する会議が開かれた。
　(in / the / on / was held / warming / global / conference) Kyoto.
(2) スミス氏が亡くなった病気はとても珍しい病気だった。
　(Mr. Smith / the disease / a very rare one / died of / was).

3 次の英文を日本語になおしなさい。
(1) A **bird** in the hand **is** worth two in the bush.〔ことわざ〕
(2) The fastest **way** to go to Tokyo from Sapporo **is** to take an airplane.
(3) **One** of the greatest advances in modern technology **has been** the invention of computers.
(4) **One-half** of all the people in the country between the age of eighteen and twenty-five **are** enrolled in a university.　　　　(長崎大)

4 次の文章を読み，下の問いに答えなさい。
　<u>**Speaking** only one language **can be compared** to living in a room with no windows and no doors.</u> It is safe, but it is dark and closed. Being able to speak a foreign language brings new light into the room.

問い：下線部の文の述語動詞を指摘しなさい。

―――― ● WORDS ● ――――
1(1)「～に話しかける」speak to ~ (2)(1)「地球温暖化」global warming,「会議」conference (2)「～で死ぬ」die of ~,「珍しい」rare **3**(1) be worth 価値がある, bush やぶ (3) advance 進歩, modern 現代の, technólogy 技術, invéntion 発明 (4) be enrolled in 入学している **4** be compared to ~ ～にたとえられる

1章　主語・補語・目的語　11

"読み込み"開始レベルの人に最適

For Whom この本で学ぶべき 対象者

　この本は、中学の英文法をクリアーして、これから本格的な「読み込み期」（30ページ参照）にはいろうとする人を対象とする。
　また、基本的には『ビジュアルⅠ』のような参考書をメインとして進め、それと並行させながら"読み込み"を側面から助けるサブ的な役割をになう。

　構文暗記はそれなりに時間がかかるので、時間の足りない受験生が高3の夏以降に取り組むのは、あまりすすめられない。ただし、いままでにこの手の例文暗記をやったことがなく、英語の総合力底上げを図りたい人は、受験生といえどもやっておいて損はない。その場合は、「夏休み前までに完了する計画を立てる」「毎日一定の空き時間を確保する」という前提のもとで取り組む。

暗記＋演習の「7＋5」週間プラン

Best Plan こう進めよう！ 学習計画

　『セレクト70』を使う期間は3か月（12週間）を想定する。最初の7週間は例文暗記だけに専念し、残りの5週間は『セレクト70』の右ページの問題演習（EXERCISES）をメインにしながら、「例文暗記」もつづけるスタイルで進める。

　以下、最初の7週間を「**例文暗記ターム**」、後半の5週間を「**演習ターム**」と名づけて説明する。

　「**例文暗記ターム**」では、1日2項目（平均6例文）を月〜金に進め、土日は進んだ範囲の復習にあてる（1週間で10項目）。7週間で、全70項目の例文暗記がひととおり終わる。

　「**演習ターム**」では、土日に関係なく「2項目分の演習」を1日のノルマとして5週間毎日つづける（1日2項目×7日×5週間＝70項目分の演習を完了）。前に述べたとおり、「演習ターム」でも「例文暗記」を続け、最終的に12週間で『セレクト70』に収められている全209例文のうち、8割5分以上の完全暗記が目標だ。

● LEVEL 2　構文　●　『セレクト70』

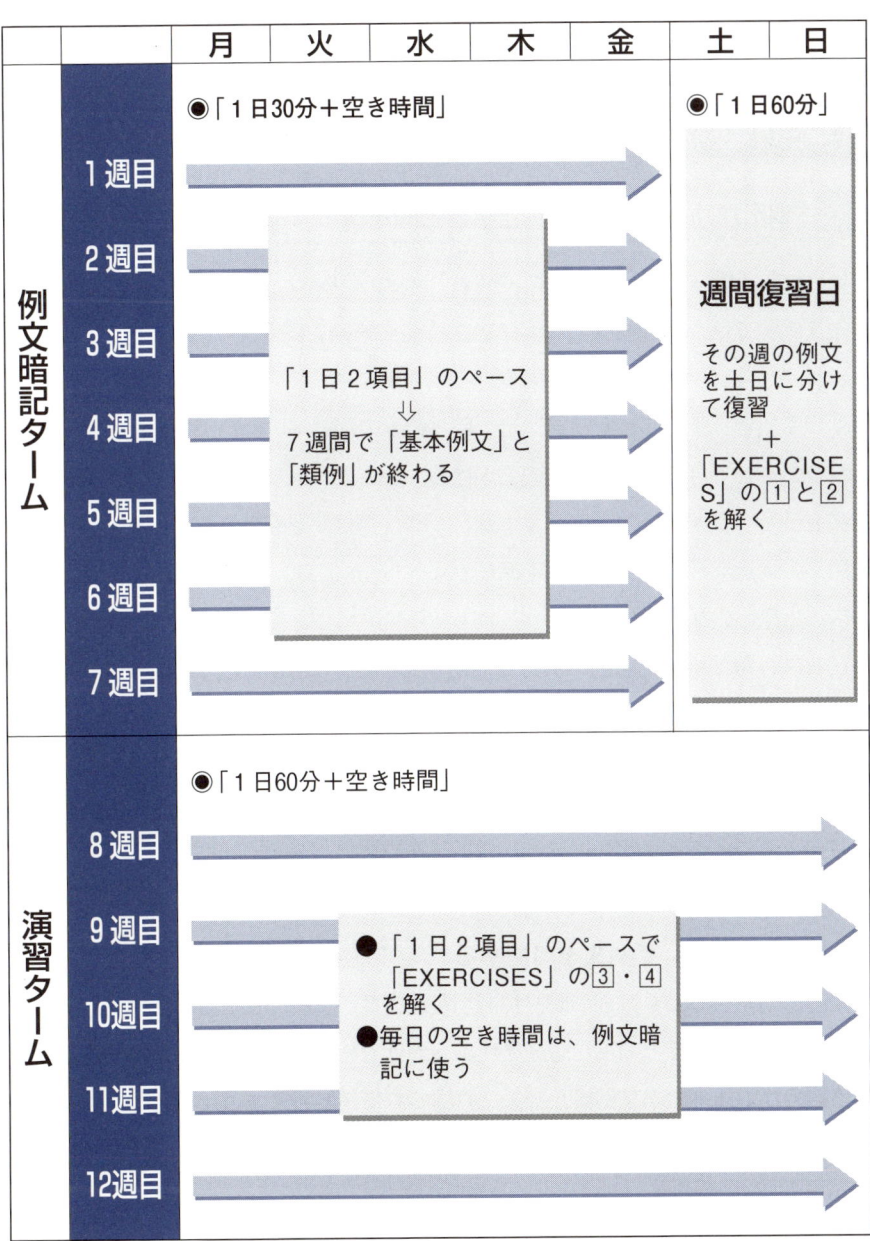

『セレクト70』の3か月攻略プラン

		月	火	水	木	金	土	日
例文暗記ターム	1週目	◉「1日30分＋空き時間」→					◉「1日60分」	
	2週目	→					**週間復習日**	
	3週目	→		「1日2項目」のペース ⇩ 7週間で「基本例文」と「類例」が終わる			その週の例文を土日に分けて復習 ＋ 「EXERCISES」の①と②を解く	
	4週目	→						
	5週目	→						
	6週目	→						
	7週目	→						
演習ターム		◉「1日60分＋空き時間」						
	8週目	────────────────→						
	9週目	──────→		●「1日2項目」のペースで「EXERCISES」の③・④を解く ●毎日の空き時間は、例文暗記に使う				
	10週目	──────→						
	11週目	────────────────→						
	12週目	────────────────────────→						

How To Use 効率のいい暗記法で実力アップ！
『セレクト70』の上手な使い方

平日の勉強法【例文暗記ターム】

●「朝出かける前の30分」と空き時間を使う　　30分＋空き時間

1　「本文通読＋例文音読」で"慣れ"をつくる

　短文暗記では、予備知識もなくいきなり英文を見て覚えようとしても、なかなかうまくいかない。そこで、まずは覚えるべき例文について理解を深めて"慣れ"をつくっておき、そのあとで暗記作業に取り組むのが効率のいいやり方だ。

　やり方としては、まず1日分の2項目について左ページを通読して、覚えるべき例文をチェックする。つぎに「基本例文」や「類例」を2回音読し、すぐ下の解説で英文の構造を理解してから訳を確認する。「基本例文」や「類例」はSとVを意識しながら読むのがポイントだ。

　これは、毎朝出かける前の30分を活用するのがベストだ（それができなければ、前日の夜に30分を確保する）。

　この作業は例文ごとに1つずつ進めていくが、2項目（1日分）で20分が目安だ。残り10分は、2 のやり方で、空き時間を使って覚えておいた例文を「書く練習」をする（138ページ参照）。

2　「暗唱文例集」で例文を暗記する

　その日の朝（もしくは前の晩）に 1 の方法で"予習"しておいた例文は、家を出てから帰宅するまでの空き時間を使い、最低でも3回はチェックする。ここで活用するのが別冊「暗唱文例集」だ。これはつねに持ち歩くようにしよう。くわしいやり方は138～139ページを見てほしい。

● LEVEL 2　構文 ●　『セレクト70』

「例文暗記」の進め方

1. 「本文通読＋例文音読」で"慣れ"をつくる（家でやる）
※朝の30分、または前夜30分を使う

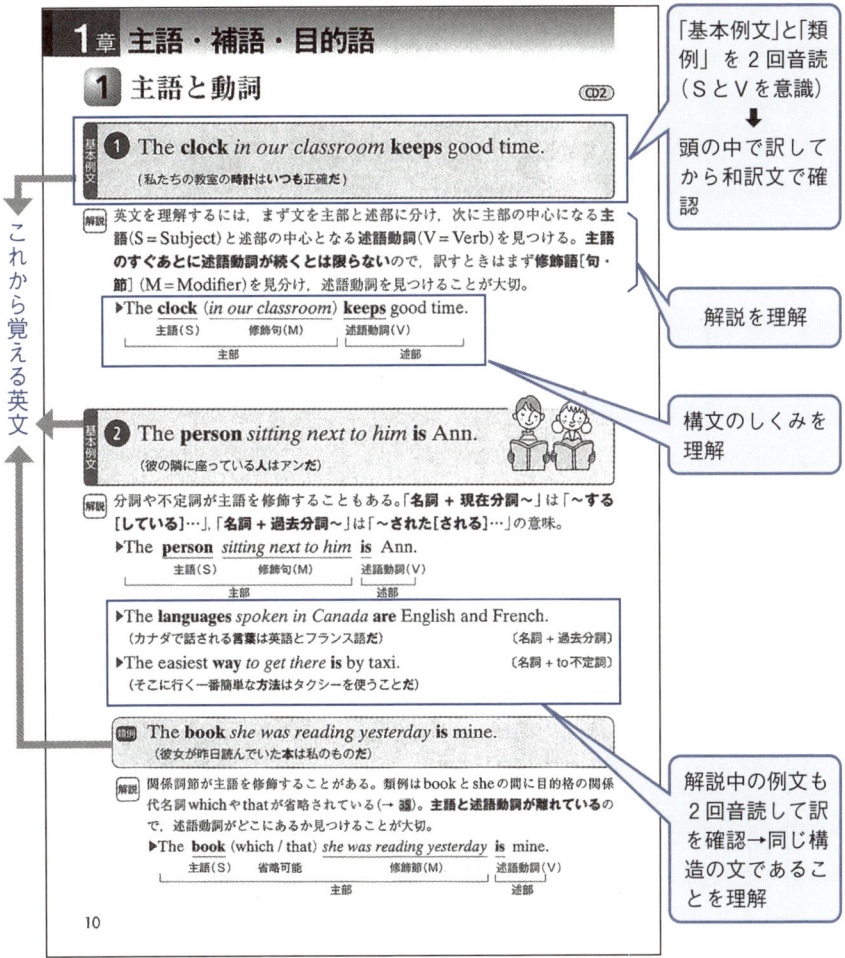

1章　主語・補語・目的語

1　主語と動詞　　　　　　　　　　　　　　　　　　CD2

基本例文 ① The **clock** *in our classroom* **keeps** good time.
（私たちの教室の**時計**はいつも正確だ）

[解説] 英文を理解するには、まず文を主部と述部に分け、次に主部の中心になる**主語**（S＝Subject）と述部の中心となる**述語動詞**（V＝Verb）を見つける。**主語のすぐあとに述語動詞が続くとは限らないので、訳すときはまず修飾語[句・節]**（M＝Modifier）を見分け、述語動詞を見つけることが大切。

▶The **clock** (*in our classroom*) **keeps** good time.
　　主語（S）　　修飾句（M）　　　述語動詞（V）
　　　　　主部　　　　　　　　　　　　　述部

基本例文 ② The **person** *sitting next to him* **is** Ann.
（彼の隣に座っている**人**はアンだ）

[解説] 分詞や不定詞が主語を修飾することもある。「**名詞 + 現在分詞～**」は「**～する[している]…**」、「**名詞 + 過去分詞～**」は「**～された[される]…**」の意味。

▶The **person** *sitting next to him* **is** Ann.
　　主語（S）　　修飾句（M）　　述語動詞（V）
　　　　主部　　　　　　　　　　　　　述部

▶The **languages** *spoken in Canada* **are** English and French.
（カナダで話される**言葉**は英語とフランス語だ）　　（名詞 + 過去分詞）

▶The easiest **way** *to get there* **is** by taxi.
（そこに行く一番簡単な**方法**はタクシーを使うことだ）（名詞 + to不定詞）

類例 The **book** *she was reading yesterday* **is** mine.
（彼女が昨日読んでいた**本**は私のものだ）

[解説] 関係詞節が主語を修飾することがある。類例は book と she の間に目的格の関係代名詞 which や that が省略されている（→ 쪒）。**主語と述語動詞が離れているので、述語動詞がどこにあるか見つけることが大切。**

▶The **book** (which / that) *she was reading yesterday* **is** mine.
　　主語（S）　省略可能　　　　　修飾節（M）　　　　　述語動詞（V）
　　　　　　　　　　　主部　　　　　　　　　　　　　　述部

10

（右側の吹き出し）
- 「基本例文」と「類例」を2回音読（SとVを意識）→ 頭の中で訳してから和訳文で確認
- 解説を理解
- 構文のしくみを理解
- 解説中の例文も2回音読して訳を確認→同じ構造の文であることを理解

（左側）これから覚える英文

2. 「暗唱文例集」で、例文を暗記する（空き時間を使う）
※1．の方法で"予習"しておいた例文（基本例文・類例）を空き時間に暗記する

別冊「暗唱文例

1. 《英文→和訳》、《和訳→英文》の順でチェックする

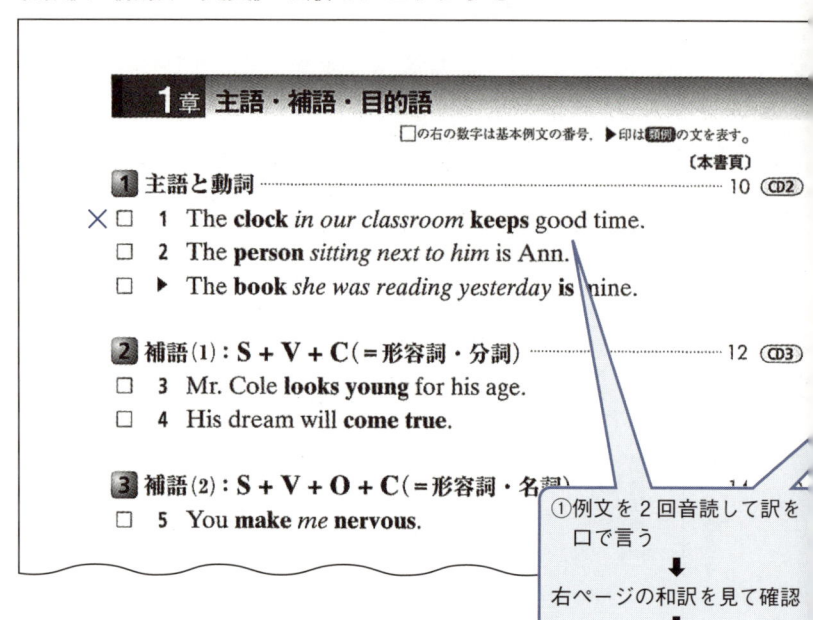

1章 主語・補語・目的語

□の右の数字は基本例文の番号。▶印は頻例の文を表す。

〔本書頁〕

1 主語と動詞 ……………………………………………………………… 10 （CD2）

- ✗ □ 1 The **clock** *in our classroom* **keeps** good time.
- □ 2 The **person** *sitting next to him* is Ann.
- □ ▶ The **book** *she was reading yesterday* **is** mine.

2 補語(1)：S + V + C（＝形容詞・分詞） ……………………………… 12 （CD3）

- □ 3 Mr. Cole **looks young** for his age.
- □ 4 His dream will **come true**.

3 補語(2)：S + V + O + C（＝形容詞・名詞） ………………………… 14

- □ 5 You **make** *me* **nervous**.

①例文を2回音読して訳を口で言う
↓
右ページの和訳を見て確認
↓
できないときは「×」をつける

2. 英文を書く練習

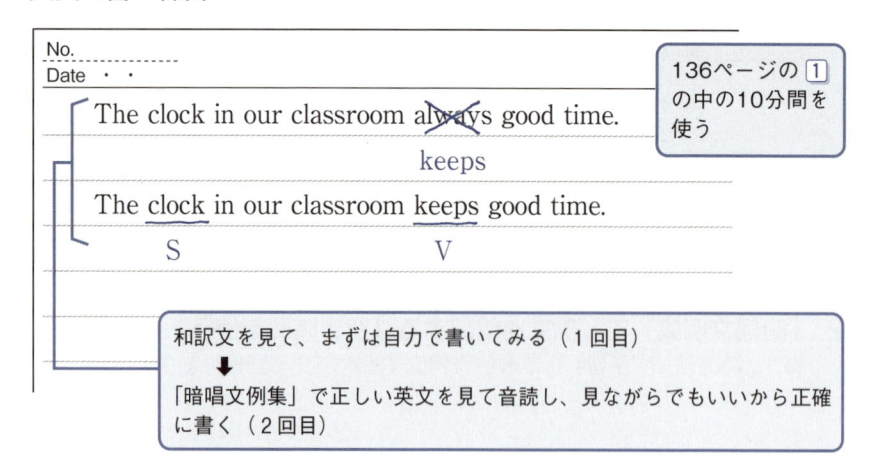

No.
Date ・ ・

The clock in our classroom ~~always~~ good time.
　　　　　　　　　　　　　　keeps
The clock in our classroom keeps good time.
　　S　　　　　　　　　　　V

136ページの **1** の中の10分間を使う

和訳文を見て、まずは自力で書いてみる（1回目）
↓
「暗唱文例集」で正しい英文を見て音読し、見ながらでもいいから正確に書く（2回目）

● LEVEL 2　構文　●　『セレクト70』

集」の使い方

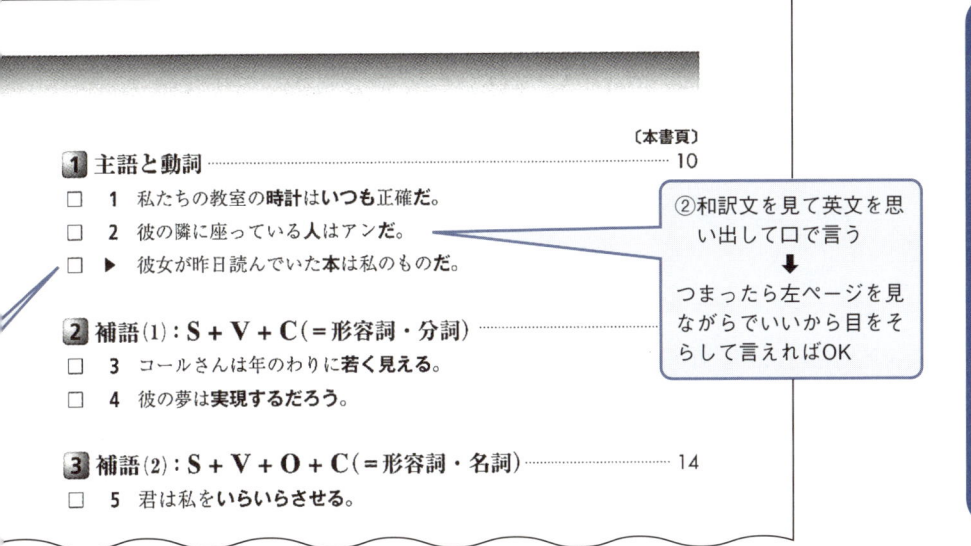

〔本書頁〕

1 主語と動詞 ……… 10
- □ 1　私たちの教室の**時計**は**いつも**正確だ。
- □ 2　彼の隣に座っている**人**はアンだ。
- □ ▶　彼女が昨日読んでいた**本**は私のものだ。

②和訳文を見て英文を思い出して口で言う
↓
つまったら左ページを見ながらでいいから目をそらして言えればOK

2 補語(1)：S + V + C(＝形容詞・分詞)
- □ 3　コールさんは年のわりに**若く見える**。
- □ 4　彼の夢は**実現するだろう**。

3 補語(2)：S + V + O + C(＝形容詞・名詞) ……… 14
- □ 5　君は私を**いらいらさせる**。

《勉強の進め方》

①英文 → 和訳
　左ページの例文を2回小さな声で音読してから、和訳が言えるかどうかを確認する。うまく和訳できなかったときは、例文の左側に小さく「×」をつけておく。

②和訳 → 英文
　つぎに右ページの和訳を見て、いま音読したばかりの英文を目をそらして言えるか試す。このときつまったら、左ページをチラチラ見ていい。これを何度かくり返し、目をそらしたままどうにか例文全体を言えたら、覚えた実感がなくても、つぎの例文に移る。

③3回反復
　以上のチェックを、つづけて3回はくり返す。
　時間をあけてもう一度できればなおいい。

④英文を書く
　家に帰ったら、和訳を見て英文を紙に書けるかどうかを試す。これは136ページ①で確保してある30分のうちの10分を使って行う。左の例文をチラチラ見ながらでいいので、最低2回は例文を紙やノートに書く。

土日の勉強法【例文暗記ターム】

● 土日はこの方法で総復習にあてる　60分

1 10項目分の例文を2日間で再チェック〈30分〉

　土曜と日曜の週間復習では、それぞれ家で60分の勉強時間を確保しよう。

　最初の30分は、平日にやった5日分の範囲（10項目）の例文チェックを行うが、これは「暗唱文例集」を使って《英文→和訳》のチェックを進める。ただし分量が多いので、土曜日に5項目分やり、残り5項目分の例文は日曜日の前半30分にまわす。

　《英文→和訳》ができなかった例文は、目立つ印をつけて"宿題"とし、翌週の例文暗記のリストに加える。

　時間があまった場合は、「和訳を見て英文を口で言う」「和訳を見て英文を紙に書く」作業を、「×」印の多いものから順に進めていこう。余裕がない人は、そこまで欲張らなくてもいい。

> 〉〉ココに注意して進めよう！〈〈
>
> ●「和訳を見て英文を言う（書く）」作業は、この段階では完璧にできる必要はない。まずは《英文→和訳》が完璧にできるようになることを最大の目標に掲げる。

1 「EXERCISES」の1・2を解いてチェック〈30分〉

　残りの30分は、その週にやった10項目分について、右ページ「EXERCISES」の1・2だけをノートを用意して解く。

　ただし、10項目の分量は意外に多いので、これも「土曜日5項目、日曜日5項目」というように、分けて行う。

　不正解のときは、正しい英文をまるごとノートに書いて2〜3回音読する。夜寝る前に問題を見直し、正しく解答できるか確認しよう。

● LEVEL 2　構文 ●　『セレクト70』

「EXERCISES」 1 ・ 2 の解き方

EXERCISES

1 次の英文の（　）内から適切な語(句)を選びなさい。
(1) あそこでポールに話しかけている人はだれですか。
　　Who is the man (speaking / spoken / to speak) to Paul over there?
(2) あの背の高い白い服を着た女性は有名な歌手だ。
　　That tall lady (dressing / dressed / to dress) in white is a famous singer.

2 日本文の意味を表すように，（　）内の語(句)を並べかえなさい。
(1) 京都で地球温暖化に関する会議が開かれた。
　　(in / the / on / was held / warming / global / conference) Kyoto.
(2) スミス氏が亡くなった病気はとても珍しい病気だった。
　　(Mr. Smith / the disease / a very rare one / died of / was).

⬇ 1 ・ 2 だけをノートで解いて答え合わせ

No.
Date ・ ・ 　p.11

1 (1)　Who is the man speaking to Paul over there?

　(2)　That tall lady dressing in white is a famous singer.
　　　　　　　　　dressed

2 (1)　The conference on global warming was held in Kyoto.

　(2)　Mr. Smith died of the disease was a very rare one.

空所にはいるものだけでなく、全文を書き出す

（　）内だけを並べかえるのではなく、全文を書き出す

⬇ 間違えた問題を正しく書き直す → 2〜3回音読

No.
Date ・ ・ 　p.11

1 (2)　That tall lady dressed in white is a famous singer.
　　　　　　　　　S　　　　　　　　　　V

2 (2)　The disease Mr. Smith died of was a very rare one.
　　　　　　　　　S　　　　　　　　　V
　　　　　関係代名詞の省略

構文把握の助けになるような書き込みを入れる

141

毎日の勉強法【演習ターム】

ここまでで、7週間の「例文暗記ターム」を終えたら、8週目からの5週間は「演習ターム」に移る。

● 覚えた構文を"使う"トレーニングで応用力アップ

ここでは、「EXERCISES」の③と④の問題を解いていくと同時に、例文暗記も並行させる。

演習問題に取り組む目的の1つは、同じ構文に何度も接することで"慣れ"をつくり、例文暗記を補強することにある。もう1つは、覚えた構文を、バリエーションに応じて正しく適用できるようにするためだ。これができると、実力テストや模試などでも、いわゆる「応用がきく」ようになって、得点力がアップする。

●「EXERCISES」（演習問題）の取り組み方　　30分

① 「訳を書いて構文確認」の反復トレーニング

「演習ターム」では、家での勉強時間を毎日60分確保して、毎日2項目分の③と④の問題を解いていこう。1項目あたりの時間は30分が目安だ。

③の英文和訳は、ノートに全訳を書く。

④は設問に答えるだけでもいいが、余力がある人は全文訳を書いてほしい。知らない単語は欄外に注が出ていなければ、辞書で調べる。

いずれの問題も赤ペンで解答を添削して、まちがった場合は自分の解答の下に正しい訳を書き、構文の理解・把握に努める。

翌日は、勉強をはじめる前に、前日訳せなかった③の問題だけを1回解き直しておく。

●「例文暗記」もつづけよう　　空き時間活用

① 時間内にできるだけチェック

「演習ターム」では、引きつづき空き時間を確保し、例文暗記を継続させる。ここからは、《和訳→英文》チェックに専念する。別冊「暗唱文例集」の右ページの

日本語訳を見て、例文を口で言えればOKだ。言えなかったときは、左ページの例文をチラチラ見てもいいから、目をそらしたまま口で言えたら、つぎの例文に進む。この場合は、日本語訳の左に「×」印を加えていく。

1 "重ね塗り方式"で、暗記効率を高める

ここでのチェックは、10分なら10分、20分なら20分の空き時間内に可能な範囲で、できるだけ先に進める。この場合、「電車の中で20分、学校の休み時間に15分、夕食前のスキマ時間に15分」というように、3回くらいに分けてチェックするのが効果的だ。

2回目は、1回目に「×」がついたものだけをひろい上げて《和訳→英文》の再チェックを行い、そのあと引きつづき新しい範囲を、残りの時間で可能なかぎり進める。

3回目も同様に、2回目のチェックで「×」がついたものから先にチェックし、さらに新しい範囲に進んでいく。

こうすると、「覚えにくいものほど何回も目にする」ことになり、記憶の定着率も高まるのだ。

209の全例文について、このやり方で5週間のうちに最低3回転させ、85パーセント以上の例文が暗唱できるようになれば、合格と考えていい。

最後まで「×」印が消えなかった例文（30例文くらいが目標値）は「和田式カード」にして、できるだけ早いうちにつぶしておく（和田式カードの作り方→71ページ）。

Q&A

緊急「使い方」相談室
こうすれば、もっとうまくいく！
『セレクト70英語構文』編

> **Q** 通学電車の中で例文暗記をしたいのですが、例文を音読するのが恥ずかしくて、この時間をうまく使えません。いいやり方はないでしょうか。

A▶ 小さな声でつぶやく程度でも十分！

　たしかに、恥ずかしい気持ちはよくわかる。しかし、何も大きな声をだす必要はない。電車の中というのは、いろいろな騒音でワサワサしているので、すこしくらいの声でまわりに迷惑をかけることはないし、慣れてしまえば周囲の目も気にならなくなる。

　ただの黙読より、"耳からの刺激"があったほうが暗記効率は確実に高まる。小さな声でボソボソとつぶやく程度でもいいので、通学中の絶好の空き時間を活用しない手はない。

> **Q** 英文和訳のチェックはあまり苦労しないのですが、和訳を見て英文を言うのに時間がかかり、効率よく例文を覚えられません。何が原因でしょうか。

A▶ 和訳文に「S」や「V」などを書き込む

　例文に慣れる作業（136ページ参照）をおろそかにすると、例文も覚えにくくなる。もうすこし念入りに、たとえば、例文を4〜5回音読してみるとか、音読しながらノートに例文を書き写し、ノートを閉じて正しく言えるかチェックするなど、ここでの作業内容を濃くする工夫をしてみるといい。

　また、日本語訳だけを見ていると、どういう語順になるのかがわかりにくいこともある。こういうときは、右のように、日本語訳に、主語（S）や述語動

詞（V）の記号を書き込んでおくといい。

```
昨日、彼女が読んでいた本は私のものだ。        (which)she～
        S           V          →The book is mine.
```

あとは、ひたすら反復するしかない。1回や2回ですんなり覚えられるなら、暗記の天才だ。覚えにくい例文は4回、5回、6回と、とにかく反復回数をふやす。「30秒でもヒマがあれば、すかさず例文暗記」の習慣をつければ、そのうちイヤでも覚えてしまう。

Q
「演習ターム」での例文暗記も、「1日10例文」というように、毎日一定のノルマを消化するやり方のほうが、自分には合っている気がするのですが……。

A 交互に試して、定着率を比較して判断する

たしかに、人それぞれ自分に合った暗記法があって、いちがいに「このやり方じゃないとダメ」とは決めつけられない。自分に合っていると思うのなら、もちろんそのやり方をすればいい。

ただ、「合っている気がする」だけで本当は効率がよくないやり方をしているのではないか、と疑ってみる姿勢も持ってほしい。この場合、2つのやり方を3日ずつ交互に試してみて、「覚えられた例文の数」を比較する実験をしてみればはっきりする。

私がこの本で提示する参考書の使い方にしても、「こうしなければダメ」と言っているわけではない。もっとうまくできるなら、どんどんアレンジしてもらってかまわない。「やり方を変える」というのはそれなりに勇気がいることだが、まずは試してみて、客観的な結果から判断するのがいちばん賢明だ。

LEVEL 3

入試必須の
読解ノウハウを獲得する

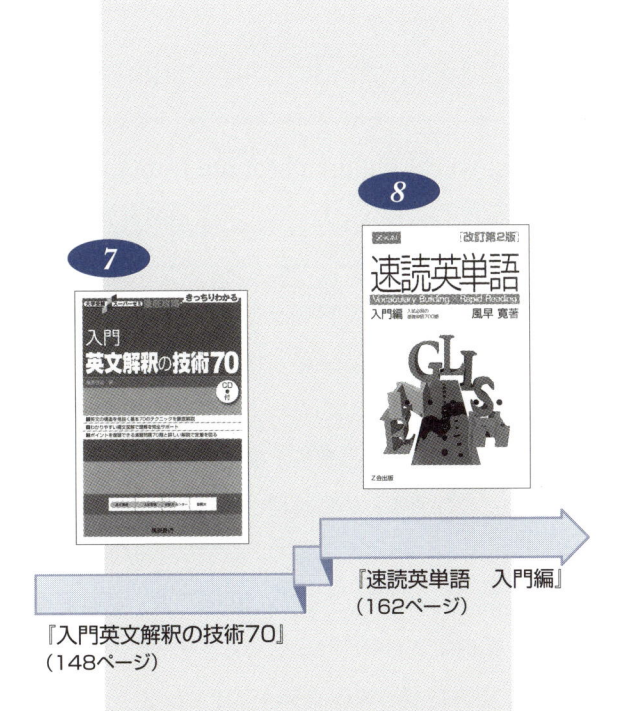

『速読英単語　入門編』
（162ページ）

『入門英文解釈の技術70』
（148ページ）

Best Selection 7　　　　　　　　　　　●構文把握技術の習得●

入試レベル英文で構文把握のノウハウを一気に習得する！

桑原信淑『入門英文解釈の技術70』（桐原書店）

略称『入門解釈70』

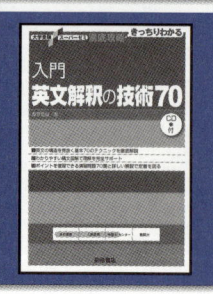

Purpose　この本を使う　目的

構文把握のノウハウを体系的に整理する

　入試レベルの長文には、単語自体はやさしいのにすぐには訳しにくい文が混じっている。

　たとえば、つぎの英文を見てほしい。

> Some of the first voices children hear are from the television;
>
> 　　　　　　　　　　　　　（『入門解釈70』p.84 より抜粋）

　英語がデキる人は、一読しただけで構造を正しくつかめる。しかし、デキない人は混乱するばかりでラチがあかない。このちがいは単純に「構文把握のノウハウを"使える形"で整理できているか・いないか」の差でしかない。

　「読み込み期」で英文を読み込むうちに、構文把握のノウハウはすこしずつ蓄積されていく。しかし、どこかでまとめて整理しておかないと、混乱してうまく適用できないことが多い。

　このように、ある程度"読み込み"が進んだ段階では、構文把握に必要なノウハウを網羅的・体系的に整理する必要性が出てくる。その目的で使用したいのが、この『入門解釈70』だ。構文把握の究極的テーマともいえる**「ＳとＶの発見法」のノウハウ**を、**「70の技術」**の形でわかりやすく示してくれる良書だ。

「S・Vの発見」をパターン化して提示してくれる

Good Point この本の**特長**

　どんなに複雑そうに見える英文でも、「SとVをつかむ」ことができれば、基本的に問題は解決する。『入門解釈70』では、実際の入試英文を素材に、「こういう英文構造のときはこう解析する（SとVを見抜く）」という実戦的な構文把握のノウハウ＝「技術」を70のパターンに分類して明確に示してくれる。センター試験、**中堅レベルの大学にも対応可能**な内容だ。

　全70課は、それぞれ見開きページで構成されている。1課ごとに1つの「技術」が示されているため、"習得すべき技術"を強く意識して取り組めるのも長所だ。

　また、例題や演習問題の英文が短めなので、飽きっぽい人でも取り組みやすい。解説は語りかけるような口調で構文の図解もあり、ポイントを押さえた理解が可能だ。

「技術」を丸暗記しても無意味

Cautions 勉強するときの**注意点**

　「技術」や「ルール」を提示する参考書では、そこで示されている「技術」なり「ルール」を暗記しておけばどうにかなる、とカンちがいする人がかならず出てくる。

　しかし、たとえば、「〈名詞＋SV〉に潜むthatは関係代名詞の可能性が高い」という"技術"を丸暗記しても、実際の英文にそれを適用できなければ"役に立たない呪文"でしかない。

　『入門解釈70』に出てくる「技術」を"使える形"にして定着させるには、まず、解説で示される「SとVの発見法」のプロセスを、文法的な理解と結びつけながら習得することが重要だ。

　さらに、この参考書で得た"技術"は、このあとにつづく"読み込み"の中でどんどん使っていく必要がある。技術というのは、使わなければ、自然にさびついてしまうものだからだ。

構文知識がある程度ついてきた人に！

For Whom　この本で学ぶべき **対象者**

『入門解釈70』は、高校レベルの構文知識がある程度ついてきた段階で用いたほうが効率よく進む。高校で『セレクト70』のような構文暗記をやらされている人や、定期テストでもそこそこの点数が取れている人が対象となる。

和田式"読み込み英語"（30ページ）では、「読み込み期」の1、2冊目あたりに組み込む。モデルプラン（39ページ参照）で示したように、『ビジュアルⅠ』のあと、『セレクト70』と並行させる形での使用は、構文把握力を"確実に固める"形になって相乗効果も高い。

「例題 → 解法 → 演習問題」のシンプル構成

Construction　この本の **構成**

1つの「技術」につき見開きページで構成されている。冒頭のタイトルでは、その課で習得すべき「技術」の要点が簡潔に示され、「例題」が掲載されている。例題のほとんどは3～5行の短めの英文で、すべて実際の入試問題からの抜粋だ。

「例題」のあとの「解法」では、構文解説、構文把握のノウハウなどが英文の構造図などとともに丁寧に示される（次ページ参照）。第2部の「演習問題」は、第1部で習得した「技術」の"適用トレーニング"ができるようになっている。

「70の技術」を2か月で習得！

Best Plan　こう進めよう！ **学習計画**

使用期間は2か月（8週間）を目安とする。月～金までの平日5日間は「毎日2課」（「例題」のみ、復習込み）ずつ進め、週末の土日はその週の分の復習と「演習問題」に取り組む。

このペースでいくと、7週間で70課を終えることができる。残りの1週間余りで、全体を総復習する。

● LEVEL 3　読解 ●　『入門解釈70』

『入門解釈70』の見開き構成

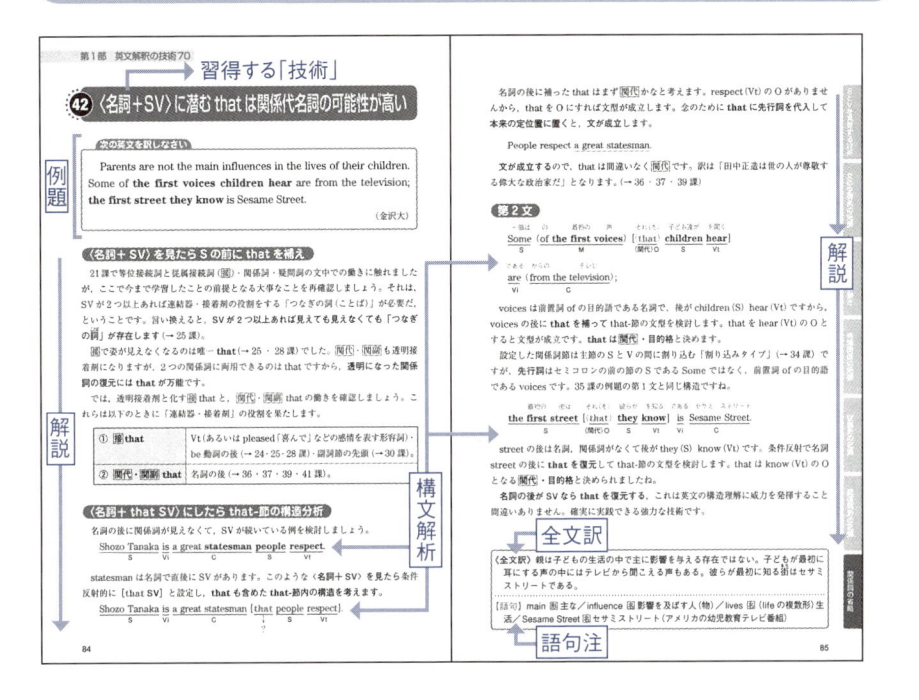

第1部 英文解釈の技術70

習得する「技術」

42　〈名詞＋SV〉に潜むthatは関係代名詞の可能性が高い

例題：次の英文を訳しなさい

Parents are not the main influences in the lives of their children. Some of **the first voices children hear** are from the television; **the first street they know** is Sesame Street.
（金沢大）

解説：

〈名詞＋SV〉を見たらSの前にthatを補え

21課で等位接続詞と従属接続詞（圏）・関係詞・疑問詞の文中での働きに触れましたが、ここで今まで学習したことの前提となる大事なことを再確認しましょう。それは、SVが2つ以上あれば連結器・接着剤の役割をする「つなぎの詞（ことば）」が必要だ、ということです。言い換えると、SVが2つ以上あれば見えなくても「つなぎの詞」が存在します。（→ 25課）

圏が姿が見えなくなるのは唯一 that（→ 25・28課）でした。関代・関副も透明接着剤になりますが、2つの関係詞に兩用できるのは that です。では、透明接着剤と化すthatと、先行詞の関係詞の働きを確認しましょう。これらは以下のときに、連結器・接着剤の役割を果たします。

① 圏 that　Vt（あるいは pleased「喜んで」などの感情を表す形容詞）・be 動詞の後 + 24・25・28課 副詞節の先頭（→30課）
② 関代・関副 that　名詞の後 + 36・37・39・41課

構文解析：that節の構造分析

名詞の後に関係詞が見えなくて、SVが続いている例を検討しましょう。

Shozo Tanaka is a great **statesman people respect**.
　　　　S　　Vi　　　　C　　　　S　Vt

statesmanはsvで直後にSVがあります。このような〈名詞＋SV〉を見たら条件反射的に[that SV]と設定し、thatも含めたthat節内の構造を考えます。

Shozo Tanaka is a great **statesman [that people respect]**.
　　　　S　　Vi　　　　C　　　　関代O　S　　Vt

名詞の後に補ったthatはまず関代かなと考えます。respect (Vt) のOがありませんから、thatをOにすれば文型が成立します。念のためにthatに先行詞を代入して本来の定位置に置くと、文が成立します。

People respect a great statesman.

文が成立するので、thatは間違いなく関代です。訳は「田中正造は世の人が尊敬する偉大な政治家だ」となります。（→36・39課）

解説

第2文
一部を　　　　　の　　声　　そして　子供が耳で聞く
<u>Some</u> (<u>of the first voices</u>) [that] <u>children</u> <u>hear</u>
　S　　　　M　　　　　　　　関代O　S　　Vt

テレビから　　来ている
<u>are</u> (from the television);
Vi　　　M

voicesは前置詞の目的語である名詞で、後がchildren (S) hear (Vt)ですから、voicesの後にthatを補ってthat節の文型を検討します。thatをhear (Vt) のOとすると文型が成立です。that は関代・目的格と決めます。

設定した関係詞は主節のSとVの間に割り込む「割り込みタイプ」（→34課）ですが、先行詞はセミコロンの前の節のSであるSomeではなく、前置詞の目的語であるvoicesです。35課の例題の第1文と同じ構造ですね。

道路を　　　　そして　　彼らが知る　　　セサミストリート
<u>the first street</u> [that] <u>they</u> <u>know</u> is Sesame Street.
　　S　　関代O　S　　Vt　Vi　　　C

streetの後に関係詞がなくて後がthey (S) know (Vt) です。条件反射で名詞streetの後にthatを補充してthat節の文型を検討します。that はknow (Vt) のOとなる関代と決定できるので、thatは関代・目的格と決めます。

名詞の後がSVならthatを復元する。これは英文の構造理解に成力を発揮すること間違いありません。確実に実践できる強力な技術です。

全文訳：

〈全文訳〉親は子どもの生活の中で主に影響を与える存在ではない。子どもが最初に耳にする声の中にはテレビから聞こえる声もある。彼らが最初に知る街はセサミストリートである。

語句注：

〈語句〉 main 圏主な／influence 图影響を及ぼす（物）／lives 图 (life の複数形)生活／Sesame Street 图セサミストリート（アメリカの幼児教育テレビ番組）

『入門解釈70』2か月攻略プラン

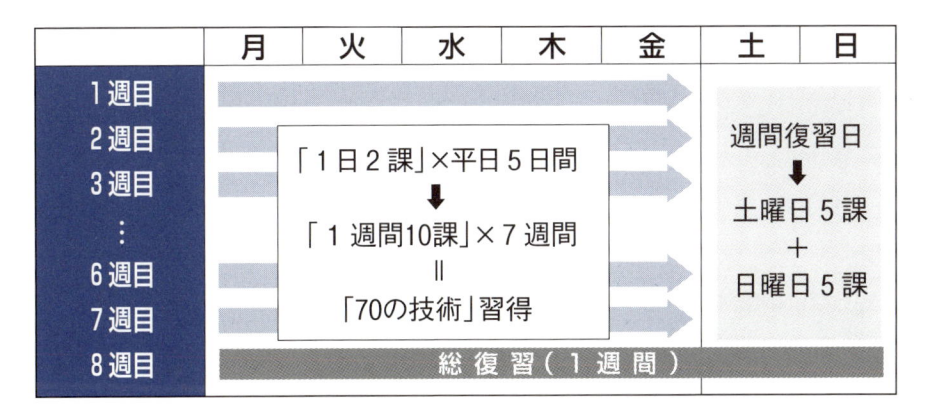

	月	火	水	木	金	土	日
1週目	→	→	→	→	→	週間復習日 ↓ 土曜日5課 ＋ 日曜日5課	
2週目	→	→	→	→	→		
3週目	→	→	→	→	→		
⋮	「1日2課」×平日5日間 ↓ 「1週間10課」×7週間 ＝ 「70の技術」習得						
6週目	→	→	→	→	→		
7週目	→	→	→	→	→		
8週目	総復習（1週間）						

How To Use 構文把握のエッセンスを習得！
『入門解釈70』の上手な使い方

平日の勉強法

● 1日の勉強は「前日の復習」から始めよう

　平日の月～金は、1日2課ずつ進めるが、勉強法の流れは以下のように「前日の復習」からはじめる（初日をのぞく）。

```
前日の復習 ⇒ 「例題」の全訳 ⇒ 訳の照合・添削  ] 45分×2課分
(2～3分)   |← 1課につき40～45分 →|    = 1日90分
```

　上の流れを頭に置きながら、以下に示す勉強法を読んでほしい。1日の勉強時間は標準90分とする（1課につき40～45分）。
　なお便宜上、「前日の復習」のやり方については最後に触れる。

● まず、自分で「例題」を全訳する　　　勉強時間 20分

1　「全訳」をする前に3回通読しよう〈10分〉

　まずは、冒頭に示されるタイトルを見て、「この課で何を習得するのか」を意識する。
　「例題」は、全訳をする前に2回通読する。1回目は辞書や語句注に頼らず、大きく意味をとらえるつもりで読む。
　2回目は、語句のまとまりごとに「／」の印を入れ、知らない単語には線を引く。
　知らない単語は、いきなり語句注を見ずに、機能（SかVかOか…）と品詞（名詞・動詞・形容詞…）を自分なりに考えてみる。そのあとで欄外の語句注を見たり、語句注にない単語は辞書を引いて調べたりして、意味を確認する。
　次ページのような感じで、本に直接エンピツで書き込むといい。

全訳する前の準備作業

㊷ 〈名詞＋SV〉に潜む that は関係代名詞の可能性が高い

次の英文を訳しなさい

　　　　　S　　V　　　　　　　　　　　影響
Parents are not the main influences (in the lives/of their children)./
Some of **the first voices** [children hear] are (from the television);/
the first street [they know] is Sesame Street./
　　　　　　S　　　　　V

（金沢大）

```
[辞書を使わ    ]  →  [単語の意味を調べ]  →  [訳を考えな  ]
[ずに1回通読する]     [ながらもう1回読む]     [がらもう1回読む]
```

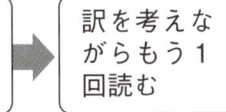

　単語の意味を確認したら、もう1回「どう訳せばいいか」を考えながら通読する。訳しにくいときは、つい全文訳を見たくなるかもしれないが、ここで"カンニング"をすると構文把握のさまたげになる。全文訳は語句注のすぐ上にあって目にはいりやすいので、気になる人は紙で隠しておくといい。

> **◆ ココに注意して進めよう！◆**
>
> - 'it'や'they' などの代名詞が出てきたら、それが何を意味しているのかを、文脈にそって考えながら読む。
> - 辞書に複数の意味が載っている場合は、前後の文脈を考えながら、もっとも適切だと思う意味を選んで書き込む。
> - できれば、一文ごとに（一文が長い場合は適当なまとまりごとに）、自分なりに考えた主語（S）と述語動詞（V）を書き、さらに従属節や句を [　] や（　）でくくっておく。

2 ノートに自分の訳を書く〈10分〉

　以上の作業を終えたら、ノートに全訳を書いていく。あとで添削できるように、1～2行ずつ空けてゆったり書いていく。うまく訳せないところがあっても、単語の意味などから類推して、とりあえずがんばって訳を書いてみる。

　ひととおり訳を書き終わったら、自分が書いた和訳を通して読み直す。日本語としてあまりに不自然な点があったら、うまく意訳できないかを考えてみる（無理に訳をいじる必要はない）。

● 訳の照合・添削作業　20～25分

1 「解法」を丁寧に読んでから添削〈20分〉

　訳の添削にはいる前に、「解法」の最後にある「全文訳」を読む。ここで、明らかに構文を取りそこねたと思われる部分（英文）にアンダーラインを引いてから、解説を読みはじめる。

　解説は、かならず最初から一文一文丁寧に読み進める。冒頭では、構文把握のノウハウを、簡単な英文を例に、かみくだいて示していることが多い。こういうところをしっかり理解することが重要だ。

　解説を読んで理解できたら、自分の訳を添削する。正しく構文を把握して正しい訳が書けているときは何もしない。

　訳はまちがっていたが、解説を読んですぐ納得できた場合は、正しい訳を自分の訳の下に赤ペンで書き込むだけでいい。

　ただし、解説を読んでもすぐにピンとこない場合は、解説を読み直しながら、英文の構造の図解そのものをノートに書き写す（次ページ参照）。

　また、解説の冒頭で、他の例文を引き合いに出して構文解析をしているときは、その例文もノートに書いて、自力で訳してみよう。

● LEVEL 3　読解 ●　『入門解釈70』

《ノートの使い方》訳の照合・添削例

㊷〈名詞+SV〉に潜む that は関係代名詞の可能性が高い

次の英文を訳しなさい

Parents are not the main influences in the lives of their children. Some of **the first voices children hear** are from the television; **the first street they know** is Sesame Street.

（金沢大）

〈名詞+SV〉を見たら S の前に that を補え

21課で等位接続詞と従属接続詞（接）・関係詞・疑問詞の文中での働きに触れましたが，ここで今まで学習したことの前提となる大事なことを再確認しましょう。それは，SVが2つ以上あれば連結器・接着剤の役割をする「つなぎの詞（ことば）」が必要だ，ということです。言い換えると，SVが2つ以上あれば見えても見えなくても「つなぎ

▼ノート

42

両親は彼らの子どもたちの生活の中で、

主要な影響を与えることはない。△
　　　　　　　　　　　存在ではない

~~いくつかの最初の声を子どもが聞き、それは~~
　　　　　　最初に耳にする声の中には

テレビからやってくる。（つまり、）彼らが知る最初の
　　　　　　　　　声もある

~~道~~はセサミストリートである。
街

☆Some （of the first voices）［(that) children hear］
　S　　　　M　　　　　　　　　　　S　　Vt
　　　　　　　　　　　　　　　　省略

are (from the television);
Vi　　　C

構文がつかめなかったところは解説を
読みながら自分の手で書いて確認する

② 「例題」を通読しながら頭の中で訳す〈2〜3分〉

　全文について以上の作業を終えたら、最後に「例題」を通読しながら頭の中で訳していく。

　訳につまったら、「全文訳」かノートを見直してもう一度確認し、つっかえずに最後までいけたらつぎの課に移る。

●「前日の復習」のやり方　　〈勉強時間 2〜3分〉

① 書き込みのない「例題」を通読〈2〜3分〉

　翌日の勉強の最初に、前日に進めた2課について、「例題」を通読しながら頭の中で訳していく。参考書の巻末のほうに例題一覧があるので、それを読むとよい（書き込みがないので、復習に適する）。

　つまった箇所にはアンダーラインを直接書き込み、英文の構造と訳を確認してから通読し直す。忘れてしまった単語があるときは、語句注や「全文訳」を見て思い出し、もう一度小さい字で書き込んでおこう。

週間復習の勉強法

● 週末は「技術」の確認と適用にあてよう

　土日の「週間復習」には、それぞれ「1日90〜120分」を確保しよう。1週間に進めた10課のうち5課を土曜日、残りの5課を日曜日に復習する。

　ここでは、「例題」よりも「演習問題」に取り組むことに重点を置くのがポイントだ。

① 5課分の「例題」を通読チェック〈15分〉

　やり方は「前日の復習」と同じで、書き込みを消してから「例題」を通読し、頭の中で訳していく。1課あたり3分を目安とする。つまったときはアンダーラインを引いて、全文訳や解説を参照しながら、もう一度読む。

● LEVEL 3　読解 ●　『入門解釈70』

2 「演習問題」で技術の適用トレーニング〈75分〉

「演習問題」の英文では、それぞれの課の例題と同じ「技術」を使う場合もあれば、応用的に適用させる場合もある。いずれにしろ、習得した技術を他の英文に適用するトレーニングをするのが目的だ。この点を意識して取り組んでほしい（1課15分×5）。

> **「演習問題」の取り組み方**
> ①全訳する前に1回通読する。このとき、語句のまとまりごとに「／」を引き、知らない単語には線を引く。　➡本書153ページのやり方
> ②1語句ずつ品詞と機能を考えながら、「S」や「V」を書き込んだり、従属節や句を［　］や（　）でくくったりしてみる。　➡本書153ページのやり方
> ③ノートに自分の全訳を書く。書き終えたら自分の訳を読み直して、不自然なところがないか確認する。　➡本書154ページの 2
> ④まず、別冊「演習問題70／解説・解答」の全文訳を見る。大意を取りちがえていないかをチェック。そのあとで解説を読みながら、自分の訳を添削する。
> ⑤仕上げとして、頭の中で自力で訳しながら、「演習問題」の例文を通読する。つまったら全文訳かノートを見直してからもう一度通読する。以上を5課分くり返す。

◇ ココに注意して進めよう！ ◇

- 通読するときは英文全体をしっかり読み、全体の趣旨把握を心がける。
- 知らない単語などは語句注や辞書で調べ、小さい字で単語のわきに書き込んでおく。
- 全文訳はあくまでも構文を正しく把握できているかをチェックするためのもので、日本語で意味を覚えてしまうと"自分で考える力"が育たない。

ラスト1週間の勉強法

最後の1週間（8週目）は、これまでの「総復習」にあてる。

● 短期集中型で、スピーディーに総仕上げ　90～120分

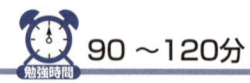

　7週間で全70課を終えたあと、8週目は総復習期間にはいる。毎日最低90分を確保し、1課から70課まで、すべての「例題」と「演習問題」にもう一度取り組む。1日あたり8～10課を目安にスピーディーに進め、1週間余りで70課を終えてほしい。

　復習のやり方は単純で、1課から順番に「例題」と「演習問題」について、英文を読みながら頭の中で訳していく（**書き込みは、あらかじめ消しておくこと**）。

　構文がうまくつかめなかったり、訳せなかったりしたときは、必要に応じて解説も再読し、その英文と和訳をノートの見開きを使って書き写しておく（左ページに英文、右ページにその和訳）。

　また、余裕があれば、忘れていた単語も同じようにノートに品詞別に書き写しておくといい。

　ここでつくったノートは、総復習期間を終えたあとも、ときどき見直して、どういう「技術」で構文を把握すればいいのかをチェックし、正しく訳せるようにしておこう。

● LEVEL 3　読解　●　『入門解釈70』

総復習の進め方

1 1課から順番に、「例題」と「演習問題」の英文を頭の中で訳していく。

例題

　次の英文を訳しなさい

Parents are not the main influences in the lives of their children. Some of **the first voices children hear** are from the television; **the first street they know** is Sesame Street.

〈金沢大〉

演習

42 演習42　(解答・解説→別冊：p.35)

次の英文を訳しなさい。
I read with interest the article on American families. In general I agree with it. But there are some important things it left out. It didn't tell the reader much about the life of a househusband. It's not an easy life. I know this, because I'm now a househusband myself.

〈和歌山大〉

2 うまく訳せなかったところはノートに書く。

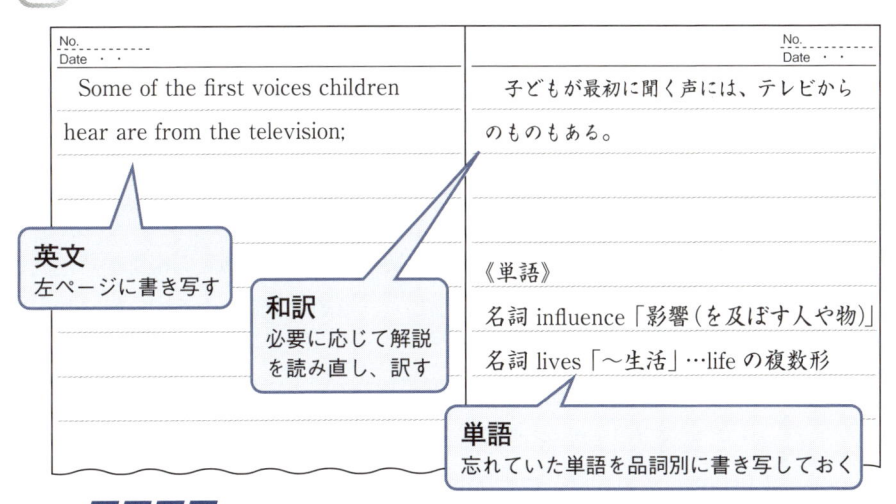

No.　　　　　　　　　　　　　　　　　　　　　　　　　　　　　　　　　　　　No. Date・・　　　　　　　　　　　　　　　　　　　　　　　　　　　　Date・・

Some of the first voices children hear are from the television;

子どもが最初に聞く声には、テレビからのものもある。

《単語》
名詞 influence「影響(を及ぼす人や物)」
名詞 lives「～生活」…life の複数形

英文
左ページに書き写す

和訳
必要に応じて解説を読み直し、訳す

単語
忘れていた単語を品詞別に書き写しておく

―ポイント―
① 1日8〜10課のペースで進め、1週間余りで終わらせる。
② ここでつくったノートは、このあともときどき見直し、「技術」を確実に自分のものにする。

Q&A

緊急「使い方」相談室

こうすれば、もっとうまくいく！
『入門英文解釈の技術70』編

> **Q** 「例題」を訳すとき、辞書を使って単語を調べても訳が全然書けないことがあります。どうすればいいですか。

A　解説の熟読と構文解析に時間をかける

　単語の意味がわかっても訳せないということは、英文の構造を取りちがえているということだ。そこで、いくら粘っても訳を書けそうもないと思ったときは、まず「全文訳」を読んでみる。「全文訳」を読んだだけで、自分がどんなまちがいをしているのかわかったら、改めて訳を書けばいい。

　「全文訳」を読んでもよくわからないときは、訳を書かずに解説を読んでいい。書けない訳のために時間を浪費するくらいなら、その時間を解説の熟読や構文解析にあてるほうが時間の使い方として賢い。ただし、すこし考えればできそうなときは、多少は粘ってほしい。まちがいを覚悟でなんとか訳をデッチ上げる練習（これは本番でも必要な態度）も、この時期にやっておくべきだ。

> **Q** 構文解析の解説で、小さい赤字でこま切れの逐語訳が出ていますが、復習で通読するときも、こういう感じで一単語ずつ頭の中で訳していったほうがいいのでしょうか。

A　できるだけ大きく区切って逐語訳していく

　「こま切れの逐語訳」は、ある意味では丁寧でいいのだが、逆に構文が把握しにくくなる原因にもなるので注意しよう。たとえば、85ページの解説には、つぎのような解析が示されている。

● LEVEL 3　読解　●　『入門解釈70』

```
                一部は  の    最初の  声      それ(を) 子ども達が  を聞く
                Some (of the first voices) [(that) children hear]
                 S        M                 (関代)O    S       Vt
                である   からの       テレビ
                are (from the television);
                 Vi    C
```

『入門英文解釈の技術70』（桐原書店、p.85）

　英文の上に書いてある「こま切れの逐語訳」だけを読んでも、全体の構文の構造がよく見えてこない。そこで、もうすこしまとまった語句の区切りで、自分なりに"読みかえる"ようにするといい。たとえば、上の構文解析はこんな感じになるだろう。

```
      最初の声の一部              子ども達が聞く
    Some of the first voices / that children hear
      S
        テレビからのである
    are from the television;
     V
```

　このように、「こま切れの逐語訳」にはとらわれず、できるだけまとまりのある語句や節で区切って構文を解析し、通読しながら頭の中で必要な程度で逐語訳するほうが、実戦的でわかりやすい。

Q
難関大学を狙っています。LEVEL3の『入門英文解釈の技術70』と『速読英単語　入門編』を終えてからのプランを教えてください。

A　高校文法を整理してからさらなる読み込みへ！

　高校文法をひととおり整理してから、読み込みをつづけるといい。高校文法は『くもんの高校英文法』（99ページ参照）を1冊通して仕上げる。そのあとは、『入門解釈70』の復習と肉付けをかねて『基礎英文解釈の技術100』（桐原書店）に進んでもいいし、拙著『伸びる！英語の勉強法』（瀬谷出版）を参考にプランを組み立ててもいい。

Best Selection 8　　●速読力＋語い力の強化●

速読練習を軸足に、「実戦的な語い力」を養う―一石二鳥の"単語集"

風早　寛『速読英単語　入門編』（Z会出版）

略称　『速単入門』

Purpose この本を使う 目的

「読みながら単語を覚える」トレーニング

　言うまでもないことだが、単語にはいくつかの意味がある。英文を読むときには、いくつかの意味のうち文脈にいちばん合ったものを選択しなければならない。

　たとえば、

> He worked hard to save them in many ways.

という英文中の 'save' という動詞には、「救う」「貯蓄する」「省く」などの意味がある。しかし、この一文だけでは、どれがもっとも適切な意味なのかを判断できない。

　いわゆる"語い力"には、多くの単語（と意味）を知っているだけでなく、「文脈に即して柔軟に訳せる」「ときには辞書にはないニュアンスの意味を"創作"できる」などの能力も含まれる。

　こうした**「実戦的な語い力」**は、"生きた英文"を読みながらでなければ、なかなか身につかない。**「単語は長文を読みながら覚えろ」**と、私が一貫して主張してきたのもそのためだ。ここで紹介する『速単入門』は、まさに、速読トレーニングを通じて「実戦的な語い力」の強化を図るための"単語集"だ。

　『速単入門』で「読みながら単語を覚える」コツをつかんだあとは、長文読解用の参考書もすべてこの本と同じ感覚で取り組めるようになってほしい。

● LEVEL 3　読解 ●　『速単入門』

この本の特長 (Good Point)

あなどれない"初級単語"を精選！

　左ページに英文（40語〜170語）、右ページに全訳があり、それぞれ覚えるべき単語とその意味が赤字で示されている。そのあとのページでは、各単語の品詞、訳などが普通の単語集のように掲載されている。「読みながら単語を覚える」ためのこのスタイルが、最大の特長と言えるだろう。

　収録単語は、高1レベルの「やさしめだが、あなどれない重要単語」が中心だ。このレベルの単語は、入試が近づくほど手がまわりにくくなるため、早い時期につぶしておきたい。ちなみに基本動詞や中学必修単語は、『速単入門』のカコミのコラムや、下段の「CHECK!!」などで確認することができる。

　素材の英文は、高校入試〜高1初級レベルと平易だが、幼稚な内容ではなく、それなりに「読んでおもしろい」点も評価できる。

勉強するときの注意点 (Cautions)

"飽きるまで"くり返し読むこと！

　Z会の『速読英単語』シリーズすべてに共通することだが、「見出し語を見て、訳を覚える」という普通の単語集と同じ使い方をしている人が少なくない。これでは、まったく意味がない。とにかく、英文を何度もくり返し読みながら、「いつのまにか単語も覚えてしまった」となる使い方がベストだ。

　原則として、長い時間を確保して一度に大量に読むのではなく、自宅の机にすわって読むものでもない。空き時間を利用して、1日のうちに何回も目を通すように心がけてほしい。

　「空き時間で飽きるまで」をキャッチフレーズにしよう。

入試に不可欠な速読力が不足する人に最適

For Whom この本で学ぶべき 対象者

レベル的には、中学英語が身についている人なら、すぐにでも使える。ただ、"英文をフィーリングで読むクセ"が抜けていない段階で使うと、「全訳を見てなんとなくわかったつもり」になって、"速読トレーニング"としての意味をなさなくなる。

速読とは"いい加減に速く読む"のではなく、「左から右の方向」に、大まかな区切りごとに意味を取っていく読み方だ（できるだけ"返り読み"をしない）。そのためには、構文知識も含め、英文の構造を正しくつかむ力が必要になる。

したがって、「読み込み期」にはいって、精読用の参考書を最低１冊終えたあとに使うほうが効果的だ。モデルプラン（39ページ）のように『ビジュアルⅠ』を終え、『入門解釈70』にはいってからサブのラインで導入すると、バランスの取れた読解トレーニングができる。

２か月で「56課」をくり返し読み込もう

Best Plan こう進めよう！ 学習計画

収録されている英文は、高校入試ややさしめの大学入試レベルで、これが全部で56本ある。

この全56課を、「１日１～２課で７週間、土・日は多少まとまった時間を確保して１週間分の復習、最後の１週間で全体の総復習」のペースで進め、２か月で終える計画を立てる。

最後の１週間は総復習に確保するとして、１～７週目のペース配分は、次ページにモデルプランとしてまとめておいたので参考にしてほしい。

ちなみに、本にはさんである付属のしおりには、１～56の英文を読むときの「目標時間」（黙読で１分間60語）を示した表がある。この表を見て、「１」（１分間の意味）が２個並ぶところや「１」「1.5」と並ぶところは「１日２課（２文）」取り組むと大体ちょうどいい。

● LEVEL 3　読解　●　『速単入門』

『速単入門』2か月攻略プラン

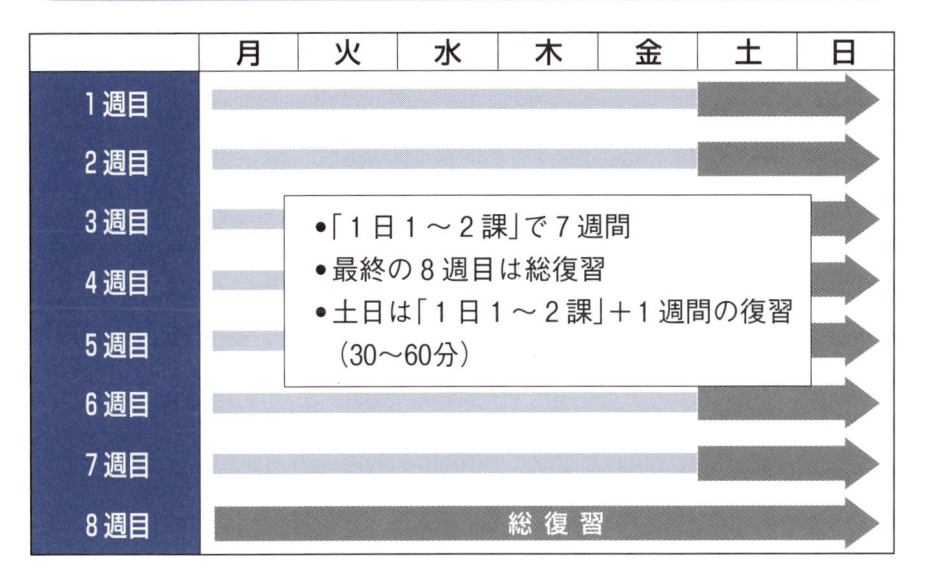

	月	火	水	木	金	土	日
1週目							
2週目							
3週目							
4週目							
5週目							
6週目							
7週目							
8週目	総復習						

- 「1日1〜2課」で7週間
- 最終の8週目は総復習
- 土日は「1日1〜2課」+1週間の復習（30〜60分）

Study Hours　1日の勉強時間

1週目は余裕を持って進めよう

　基本的に空き時間を活用して、「途中でつまらずに一気に英文を読み下せるようになる」ことを目標とするため、「1日60分」とか「1課を3回くり返す」というような設定はあまり意味をなさない。

　そこで、まずは1週目の"ノルマ"に取り組んでみて、自分の場合、目標を達成するためにどの程度の時間を確保しなくてはならないか、また、最低でも何回反復すればいいかをつかんでほしい。

　そのうえで、2週目からは、空き時間を増やす（もしくは減らす）、反復回数を増やす（減らす）などの調整を行っていく。

　それを考えると、1週目は"お試し期間"としての役割があるので、家で勉強することも想定し、『速単入門』のために確保する時間を多めに見積もっておく余裕がほしい（トータル90分以上）。

How To Use かならず「生きた単語力」が身につく！
『速単入門』の上手な使い方

平日の勉強法

● あくまでも"現実的な使い方"で進めよう

　『速単入門』の「はしがき」と「本書の構成と効果的活用法」には、比較的くわしく使い方の要領が載っている。実践できそうなら、細かいことは気にせず、そのとおりにやればいいだろう。

　ここでは読解力、語い力ともに自信がない人を想定し、もっと現実的な使い方を紹介していきたい。

　まず頭に入れておいてほしいのは、「英文全体をつまらずに読み下せるようになる」のが最終目標ということだ。したがって、前に述べたように「１日何回読む」とか「１日どれだけ時間をかける」という明確な基準はない。30回読んでもつまるようなら"合格"とは言えない。

　あえて言うと、最低10回は読まないと、目標達成はむずかしいだろう。そのつもりで取り組んでほしい。

1　全訳だけ隠して、英文を最後まで通読

　右ページの全訳を見ないようにして、訳がわからなくても左ページの英文全体を一読する。最初の段階なので、ここでは「一文でも意味がわかればいい」と割り切ってかまわない。

　つぎに、下段の「CHECK!!」で語句の意味を確認して、ＯＫなら□欄にチェック印（✓）を書き入れる。ただ、覚える必要のない語もあるので、これらは読み込むうちに「その英文の中だけで訳せる」ことを目標とする。

　以下、英文を読むときには、必要に応じて「CHECK!!」も参照して進める。

● LEVEL 3 読解 ● 『速単入門』

2 "赤い単語"の意味を類推・照合しながら読む

2回目は、右ページ（全訳）に赤シートをかぶせ、隠れた赤文字の単語の意味を推測しながら英文を読む。

できれば英文全体を読んだ後で赤シートを取って"答え合わせ"をするのがベストだが、最初は一文ごとに確認してもいい。

つまり、左の英文を一文読んだらすぐに右の和訳を赤シートをかぶせたまま確認し、"空白"がある場合（赤字のところ）はそこに当てはまる意味を答える。知らない単語の場合は、前後の日本語の文章から類推して答えてみる。

早い話が、「和訳の空欄に、日本語として通じる適当な意味を入れなさい」という"単語意味当てクイズ"と考えればいい。こうすることで、赤シートをずらして確認したとき、はじめの類推とちがっていても、「未知の単語を類推する力」が確実に養われる。これが速読力、読解力のもととなるのだ。

3 全訳で内容をつかんでから、英文を読み下す

ここまでを終えたら、右ページの全文訳を通読して、話の内容をしっかりつかんでおく。

つぎに全文訳を隠して、もう一度英文を一気に読み通す。すでに単語の意味も確認し、全文訳も読んでいるので、この段階では英文を適度なカタマリで区切りながら、頭の中で訳を思い浮かべられるようになっていてほしい。

> ◇ ココに注意して進めよう！ ◇
>
> ● つまることなく英文を読み下すには、全文訳を通読するときに内容を覚えてしまうくらいの気持ちで取り組む。
> ● どうしても訳せなかった単語や英文には、エンピツでアンダーラインを引いておき、読み返すときに注意する。

4 単語とその意味を確認する

最後に、単語のページを開いて、単語とその意味を確認していこう。基本的に、第二義の意味や派生語まで神経質に覚えようとすることはない。英文をきちんと訳

せるようになるということは、単語の意味を覚えているということだからだ。

5 つまらずに読み下せるまで、何回でも反復

　以上の1〜4を終えたら、あとはひたすら同じ英文をくり返し読む。最初は一文ずつ、そのうち1段落ずつ、そして文全体と、読む分量を増やしていく。

　英文を読みながら、頭の中に和訳を思い浮かべ、つまったときは右ページの和訳を参照して確認する。

　訳せない単語や英文には、そのつど、アンダーラインを引いていく。反復するうちに、訳せないところも減り、和訳を参照しなくても読めるようになってくる。

　そして、英文全体を、つまらずに完全に読み下せるようになったら"合格"と考え、1日のノルマを終了する。

6 "不合格"の課は、"休日出勤"で取り戻す

　以上、1日（1課）分の取り組み方を説明したが、ノルマの英文が最終的に"不合格"だった場合（途中で訳が出てこなくなった、和訳を参照してしまったなど）は、翌日に持ち越さず土日の復習にまわすこと。

　「1日1課」のノルマはきちんと守り、"借金"を翌週まで残さないようにするのがポイントだ。"不合格"になった英文は、土日の復習時間を長めに取り、合格するまで読み込もう。

● LEVEL 3　読解 ●　『速単入門』

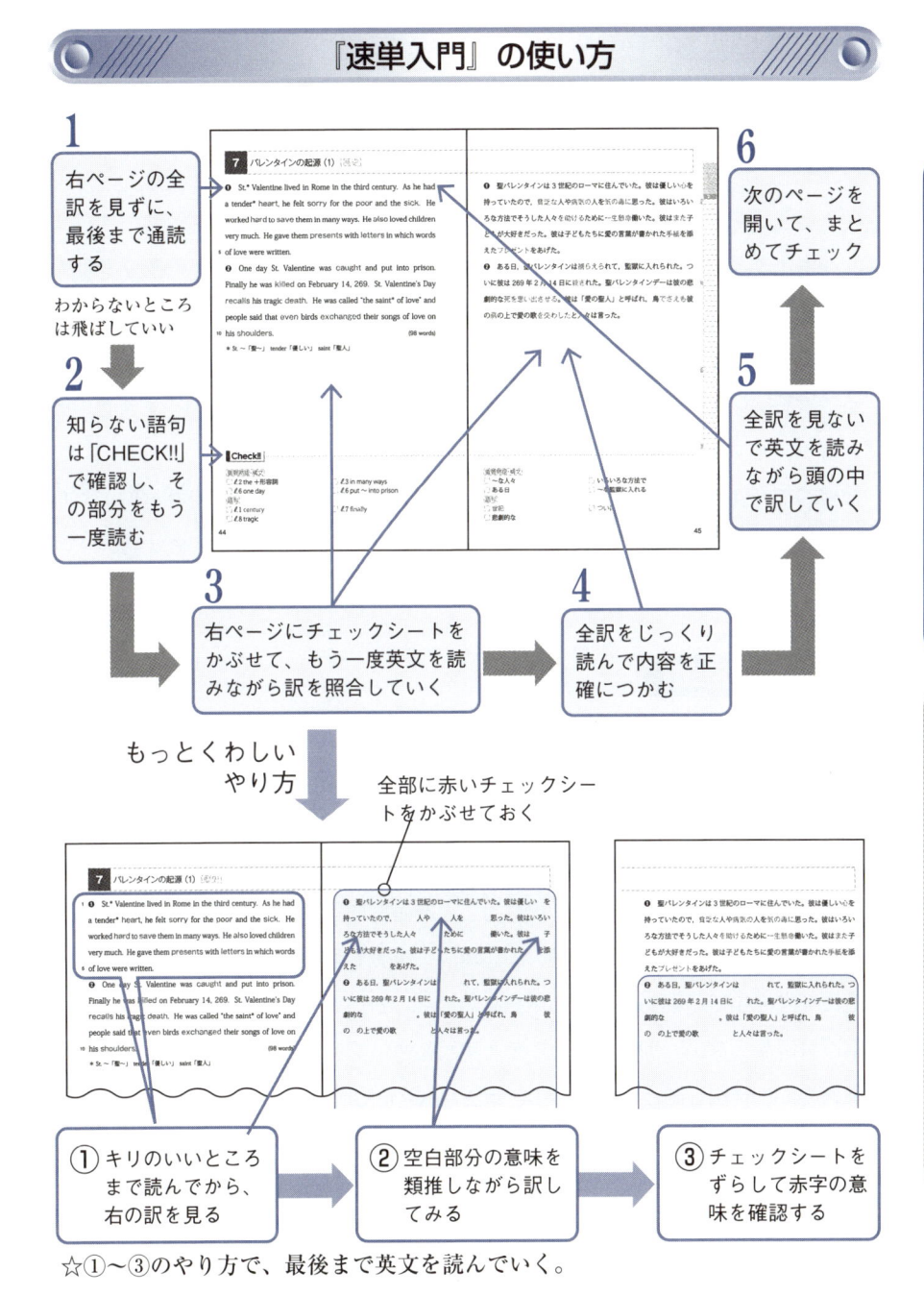

『速単入門』の使い方

1 右ページの全訳を見ずに、最後まで通読する

わからないところは飛ばしていい

2 知らない語句は「CHECK!!」で確認し、その部分をもう一度読む

3 右ページにチェックシートをかぶせて、もう一度英文を読みながら訳を照合していく

4 全訳をじっくり読んで内容を正確につかむ

5 全訳を見ないで英文を読みながら頭の中で訳していく

6 次のページを開いて、まとめてチェック

もっとくわしいやり方

全部に赤いチェックシートをかぶせておく

① キリのいいところまで読んでから、右の訳を見る

② 空白部分の意味を類推しながら訳してみる

③ チェックシートをずらして赤字の意味を確認する

☆①〜③のやり方で、最後まで英文を読んでいく。

土日の勉強法

ふだんどおりの勉強＋総復習

① **土日も「１日１課」のノルマは継続する**

　「１週間で７課」のノルマを達成するために、土日も平日と同じように「１日１課」を消化する。それにプラスして、途中で"不合格"だった課をやり直す時間も含めて30～60分を確保する。

　復習のやり方は、基本的に「英文をつまらずに読み下せるかどうか」をチェックするだけでいい。土曜日には月～金までの５課の復習、日曜日にも月～土までの復習を行う。

　最終的に、すべての課について"合格"のサインが出るまで復習を徹底的にやりたいので、"残業"（時間延長）もいとわない覚悟で取り組んでほしい。

最終週の勉強法

最初から最後まで、総おさらい

① **総復習は全課の英文チェックを中心に**

　最後の１週間（８週目）には、１日７～８課のペースで全体を復習しよう。

　まず、すべての英文で"合格"になることを確認する。単語と意味がまとめてあるページも参照し、ここは"普通の単語集"の感覚でやってみる。ただし、すべてすでに英文の中で何回も見ている単語なので、赤シートで隠して、すぐに意味が言えなければならない。例文は、とりあえず目を通しておくだけで十分だ。

　最終的に、見出し語とコラムの中学単語、「CHECK!!」の中でどうしても覚えられないものが出てきたら、単語カードをつくるか、ルーズリーフに書き出して暗記シートを自作して持ち歩くかして、第８週目の最後の日曜日までに確実につぶしておこう。

● LEVEL 3　読解 ●　『速単入門』

『速単入門』はこの読み方ができたら合格！

『速読英単語 入門編』(Z会出版) p.44の英文（京華高校入試問題［1996年］）より

本文を読む目の動き	そのとき頭の中で思い浮かべる訳
St. Valentine lived in Rome in the third century.	聖バレンタインはローマに住んでいた、 3世紀に。
As he had a tender heart, he felt sorry for the poor and the sick.	彼はやさしい心を持っていたので、 気の毒に思った、貧乏な人や病気の人を。
He worked hard to save them in many ways.	彼は一生懸命働いた、 彼らを助けるため、いろいろな方法で。
He also loved children very much.	彼はまた子供がとても好きだった。
He gave them presents with letters in which words of love were written.	彼は子供たちに手紙を添えてプレゼントをあげた、 その手紙の中に愛の言葉を書いて。
One day St. Valentine was caught and put into prison.	ある日、聖バレンタインは捕らえられ、 監獄に入れられた。
Finally he was killed on February 14, 269.	ついに彼は殺された、269年2月14日に。
St. Valentine's Day recalls his tragic death.	バレンタインデーは思い出させる、彼の悲劇的な死を。
He was called "the saint of love" and people said that even birds exchanged their songs of love on his shoulders.	彼は「愛の聖人」と呼ばれ、 そして人々は言った、 鳥さえも愛の歌を交わすと、 彼の肩で。

ポイント

- 一文を一気に訳そうとせず、句や節ごとに分けて読むようにする。目安としては、5語±2語の単位で、区切りのいいところで分ける。
- 絶対に「返り読み」をしないこと。そのかわり、読む速度は遅くても気にしなくていい。しおりに示された「目標時間」をクリアできれば「まずはよし」と考える。

Q&A

緊急「使い方」相談室

こうすれば、もっとうまくいく！
『速読英単語　入門編』編

Q
「1日1課」とありますが、簡単に"合格"できてしまうときは、その日のうちにつぎの課に進んでもいいですか。

A　可能なら、どんどん先に進めていい

あっさり"合格"できたときは、先に進めてもかまわない。課によっては、長くて読みにくい英文、内容がつかみにくい英文などもあり、こういう場合はふだんよりも時間がかかることも想定しておく必要がある。

「デキるときに"貯金"をつくり、むずかしい課は2日かけて"合格"を目指す」というやり方をしてもいい。「1週間で平均10課」のペースを下まわらなければ、どうアレンジして取り組んでもいい。

別のアレンジ例としては、月・火・木・金は電車の中で『速単入門』の勉強をできるが、水曜日は塾に行く日で塾の予習と復習を電車の中でやる予定にしているものとする（土日は電車に乗らない）。この場合は、月・火・木・金は毎日2課ずつ進め、水曜日は月・火の復習、土曜日は木・金の復習、日曜日には1週間分の復習を、それぞれ自宅でやってみてはどうだろうか。

Q
1つの単語が複数の意味を持つ場合、「1つ目の意味」だけを覚えておけばいいでしょうか。それとも、2つ目、あるいは3つ目の意味も覚えておくべきでしょうか。

A　"意外な意味"は覚えておきたいところ

まずは「英文を読みながら、頭の中でスラスラ訳していける」ことがもっとも重要で、それ以外のことを欲張ってしようとすると、時間ばかりかかって途

中で挫折してしまう危険が大きい。途中で放り出すくらいなら、「1つ目の意味だけで十分」と割り切って、とにかく2か月以内にすべての英文で"合格"をだすことを最優先に取り組みたい。

　ただ、「はしがき」にも書いてあるが、"stand"は「立つ」のほかにも「〜を我慢する」という"意外な意味"（波線が引かれている）もあり、入試ではこれを知らないとお手上げになることもある。「fellow＝やつ；仲間；人」のように、最初の意味だけで類推できそうな単語は別として、波線の"意外な意味"は、覚えておくとあとあと役に立つ。

Q
「本書の構成と効果的な活用法」のところで、「音読することも効果的」とあるのですが、そのことについてとくに触れていないのには何か理由があるのですか。

A　土日の復習では音読も実践しよう

　音読の重要性については、ほかのところで強調してきたので不思議に思うかもしれない。『速単入門』は、基本的に通学電車の中や授業の内職で使うことを想定したために、ここでは音読を強制するような記述は控えた。

　もちろん、音読は効果的な学習法なので、できるならやってほしいが、実際には周囲が気になり、かえって集中できなくなるようでは逆効果だ。そこで、土日に家でやる復習のときに音読を取り入れるなど、場所に応じてうまく使い分けをするといい。

　別売のCDを活用するのもいい方法で、土日は「聴いて意味を取る」「音声といっしょに音読する」などの練習を取り入れたい。

3章

数学の
絶対基礎力を
つける！

絶対基礎力がつく勉強法・数学《実践編》
やった分だけ確実に
効果が上がる方法で制覇！

◆ 高校レベルまでの数学を完全にモノにする

　これから紹介する数学の絶対基礎力強化プランでは、中学数学のみならず、小学算数の計算でつまずいてしまった人も想定して、「《絶対基礎力》を着実かつ短期間にかためること」を目標にかかげているが、これは時間の足りない高3生でも、できるだけすみやかに《絶対基礎力》を卒業して《入試基礎力》に移行できるようにと考えてのことだ。

　「急いで仕上げる」と「確実に仕上げる」は、とくに数学の場合なかなか両立しにくいのだが、それを実現させるために、使う参考書も厳選し、現時点でベストと思われるものにしぼり込んだ。

　LEVEL 1では、中学数学（小学算数も含む）の計算力を確実に鍛え上げる。28ページの「判定」の《チェックA》で「Ⅰa」が6点以下、または「Ⅰa＋Ⅰb」が9点以下の人は、『算数のつまずきを基礎からしっかり　計算』（学研、以下『算数基礎』で略）と『高校入試突破　計算力トレーニング』（桐書房、以下『計算力トレ』で略）の2冊セットに取り組む（180～195ページ参照）。使用期間は2冊合わせて1か月を予定しておく。

　「Ⅰa＋Ⅰb」が10～12点だった人は、小学算数の計算は「ほぼ合格」とみなして、『計算力トレ』のみに取り組む（使用期間は3週間）。

　LEVEL 2は中学数学の"足りない部分"を補うステップで、使用する参考書は「判定」（28～29ページ）に応じて各種用意した。すべての判定で引っかからなかった人は、いきなりLEVEL 3に進んでいい。しかし、自分で勝手に判定を甘くしてLEVEL 2をパスすると、LEVEL 3で「理解できずに進めなくなる」ので、ここは判定に厳密に従ってほしい。

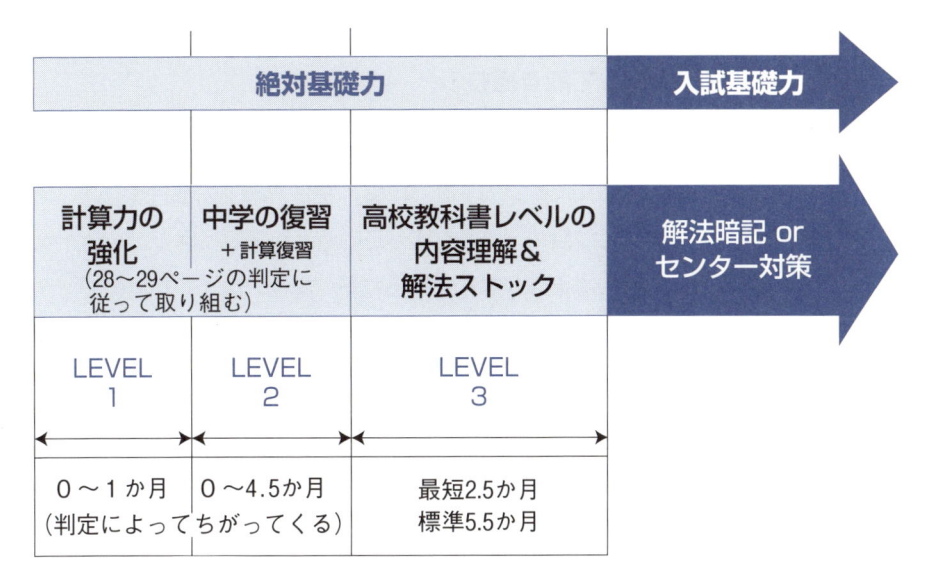

和田式・数学《絶対基礎力強化》特別カリキュラム

	絶対基礎力		入試基礎力
計算力の強化 (28〜29ページの判定に従って取り組む)	中学の復習 ＋計算復習	高校教科書レベルの内容理解＆解法ストック	解法暗記 or センター対策
LEVEL 1	LEVEL 2	LEVEL 3	
0〜1か月 (判定によってちがってくる)	0〜4.5か月	最短2.5か月 標準5.5か月	

◆ あと一息でセンター試験対策へ

　LEVEL 2で中学数学の"穴"を埋めたら、**LEVEL 3では、高校の教科書レベルの内容を理解しながら、基本的な解法を「解答を見て覚える」"解法暗記"と同じやり方で効率よくストックしていく**。使用するのは『高校　これでわかる数学Ⅰ＋A』（文英堂）だ。この参考書を仕上げた段階では、数学Ⅰ・Aの基本レベルの典型問題を解けるだけの実力がつく。

　ただし、センター試験レベルに達するには、センター独自の形式に慣れると同時に、もうすこしレベルの高い解法パターンを身につけておく必要がある。また、難関大学の個別試験に照準を合わせたい人は、「青チャート」のような"解法暗記本"に取り組めばいい。

　いずれにしろ、LEVEL 3までを確実に消化すれば、**あと一息でセンター試験レベルに届く地点に達する**ので、ぜひやり遂げてほしい。

絶対基礎力がつく勉強法・3つのポイント《数学編》

1 相当の危機感を持って取り組む！

　英語と同じように、数学でも「毎日の継続」が絶対基礎力向上の最大のポイントとなる。とくに高2生や高3生は、中学や高1の教科書レベルからスタートすること自体、遅れを取っていると自覚してほしい。

　やればやっただけの成果はかならず得られる。本書ではそれだけのプランと勉強法、そして参考書を選び抜いて紹介してあるつもりだ。

　途中でわからなかったり、つまずいたりしても、「弱点がわかってよかった」と前向きにとらえて、穴を埋めていこう。

　和田式は、まじめにやれば、ほかのやり方よりもはるかに効率よく目標を達成できる。これまでたくさんの先輩たちがこの方法で栄冠を手にしているのだ。キミもがんばってほしい。

2 単純な計算演習を大事にする！

　LEVEL 1では、単純な足し算や割り算などを1か月間、毎日欠かさず続ける。ひとりで勉強しているとどうしてもダラけて、ついサボりたくなるかもしれない。しかし、実践してくれれば、1か月後にはかならず目に見える形で効果が出てくる。単純な四則計算は脳を活性化させ学習効果を高めることが知られているし、計算力の速さは、受験では絶対的な強みとなる。

3 わからなければ、すぐ人に聞く！

　参考書をやっていて、理解できないことが出てくるのはしかたがない。しかし、それを放置したまま進むのは絶対厳禁だ。わからないところがあれば聞くのが、いちばん頭のいい問題解決法になる。

LEVEL 1

万全の計算力がつく速攻トレーニング

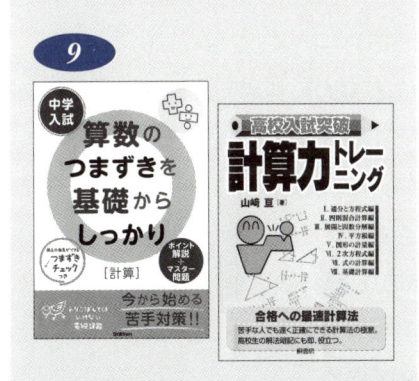

⑨

『算数のつまずきを基礎からしっかり　計算』
『高校入試突破　計算力トレーニング』
（180ページ）

Best Selection 9　　　　　　　　　　　●計算力の短期向上●

受験数学の土台となる計算力を1か月で集中的に鍛え直す！

『算数のつまずきを基礎からしっかり　計算』（学研）　略称『算数基礎』
山崎亘『高校入試突破　計算力トレーニング』（桐書房）　略称『計算力トレ』

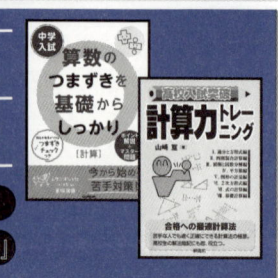

この本で学ぶべき対象者 (For Whom)

中学までの基礎計算力に問題がある人はここから！

　数学が苦手で授業をよく理解できないほとんどの高校生は、高校以前に習得すべき計算力になんらかの問題があると考えていい。「計算が遅い」とか「ミスが多い」といったレベルではなく、実は分数のかけ算・割り算あたりからあやしい人も少なくない。

　1章の「和田式《絶対基礎力》判定テスト」(24～25ページ) では、数学のつまずきの原因を、小学レベルの計算にまでさかのぼってチェックしてもらった。判定の結果、「Ⅰa」で6点以下、または「Ⅰa＋Ⅰb」で9点以下の人は、腹をくくって小学算数と中学の数式計算を徹底的に鍛え直してほしい。

　その場合に使用するのが、『算数基礎』と『計算力トレ』の2冊セットである。『算数基礎』では小学算数の、『計算力トレ』では中学数学全般の基礎計算力を短期間で鍛え直すことが目的である。

　判定テストの結果、「Ⅰa＋Ⅰb」で10～12点の人は、「小学算数はおそらく問題はないだろう」と推測する。この場合は、『算数基礎』をカットして中学数式計算を扱った『計算力トレ』のみに取り組むのでもよい。

　ただし、そういう人でも、判定テストだけでは発見できない小学計算レベルの弱点があるかもしれない。少しでも不安に感じる人や、どうせなら小学算数レベルからやり直しておこうと思っている人は、『算数基礎』と『計算力トレ』の2冊を使った基礎計算力の建て直しからスタートしてほしい。2冊に取り組んで損すること

は少なくともないと断言しよう。

　判定テストで「Ⅰa＋Ⅰb」が13点以上でも、ふだんの勉強で計算スピードが遅い、あるいはケアレスミスが多いことを自覚している人は、判定に関係なく計算力強化メニューに取り組んでほしい。

　とくに、**高校1年生で定期テストの得点が毎回平均点に届かない人は、計算力がネックになっている可能性がある**ので、やはり自主的に計算力強化に取り組むことをすすめたい。

　高校生にもなって、いまさら小学算数レベルの計算からやり直すのは恥ずかしいと思う人がいるかもしれないが、「自分がわかっていない」ことを自覚できていないことのほうがよっぽど恥ずかしい。

　かといって、高校の授業では、いまさら小学算数レベルに戻って計算力を鍛えてくれない。結局、自分の弱いところを自分で見つけ、そこから積み上げていくしかないということを肝にめいじておこう。

中学レベルまでの基礎計算を、「速く・正確に」できるように

　言うまでもないことだが、ここでの目標は、小学計算と中学計算を「速く・正確に」できるようにすることにある。それには、とにかく**計算トレーニングを毎日継続的にくり返す単純な勉強法**がもっとも効果的だ。逆に、それ以外に計算力を強化する方法はないと断言できる。

　計算トレーニングを通じて「集中力・忍耐力・継続力」を鍛えることも目標の1つである。「ついダラダラと勉強してしまう」（集中力の欠如）、「わからないとすぐに放り出す」（忍耐力の欠如）、「毎日勉強する習慣がついていない」（継続力の欠如）などに思い当たるフシがある人も、ここでの練習は非常に有効だ。

Good Point この本の特長

基本の確認にくわしい『算数基礎』、処理能力を高める『計算力トレ』

『算数基礎』は、問題と解答だけの計算ドリルではなく、「どこに注意してどう計算するか」のステップを丁寧に説明してくれる。ともすれば忘れがちな小学計算の基本を丁寧に追いながら、正確な計算処理の方法を、だれが読んでもわかるように示している。「マスター問題」(練習問題)の解答の省略が少ないのも親切で使いやすい。

『計算力トレ』は、小学計算から中学計算(「図形の計量」も含む)まで「ひたすら量をこなして習熟する」スタイルの計算ドリルだ。特長としては、たとえば「炭田法」「逆もどり九九」「左右積法」(因数分解)といった、学校で普通に教える方法とはちがう、独自のテクニカルな計算手法が紹介されている点があげられる。それらを実際に適用するトレーニングを通じて、「より速く正確な計算」を身につけてもらうことに著者の情熱が注がれている参考書である。

Cautions 勉強するときの注意点

まずは「正確さ」を追求し、つぎにスピードを強化する

まず「正確」に解けることを優先し、それができてからスピードをつけていく。『算数基礎』は問題量が少ないので3回やりこむ。『計算力トレ』は、独自の計算手法が肌に合わないこともあるだろうが、「量をこなして慣れる」ことで克服しよう。

Construction この本の構成

解き方の説明と問題のシンプル構成

2冊ともに「計算方法の説明」と練習問題によるシンプルな構成である。説明を理解したあとは、ひたすら計算演習をして「正確さ」と「スピード」を両立させてほしい。

● LEVEL1　計算力 ●　『算数基礎』『計算力トレ』

こう進めよう！学習計画 Best Plan

2冊セットで4週間、『計算力トレ』だけなら3週間

　学習計画は、『算数基礎』と『計算力トレ』を2冊セットで使う場合は4週間、『計算力トレ』だけを使う場合は3週間完成を目指す。2冊セットの場合は1日の勉強時間も多くなるが、『計算力トレ』と合わせてより量をこなせるので、高い学習効果を得られる。

　2冊セットの攻略プランの概略を下に示しておく。『算数基礎』は1週目で1回仕上げてしまい、2〜4週目で2回目、3回目の反復に移る。具体的な進行ペースは各冊の「使い方」の冒頭に掲載するのでそちらを参考にしてほしい。

　また、『計算力トレ』だけを使う人は3週間完成になるが、下に示した攻略プランの『算数基礎』を抜いた形になる（詳細は190ページに掲載）。

　勉強時間は、『算数基礎』の1回目は「1日90分」を見積もっておく。正確さを重視して丁寧に進めるためだ。2回目、3回目の反復では、習熟によるスピードアップを見込めるので、1日40〜50分を目標とする。『計算力トレ』は、項目による所要時間の差はあるが、「1日30〜50分」を見積もっておきたい。

『算数基礎』＋『計算力トレ』の攻略プラン概要

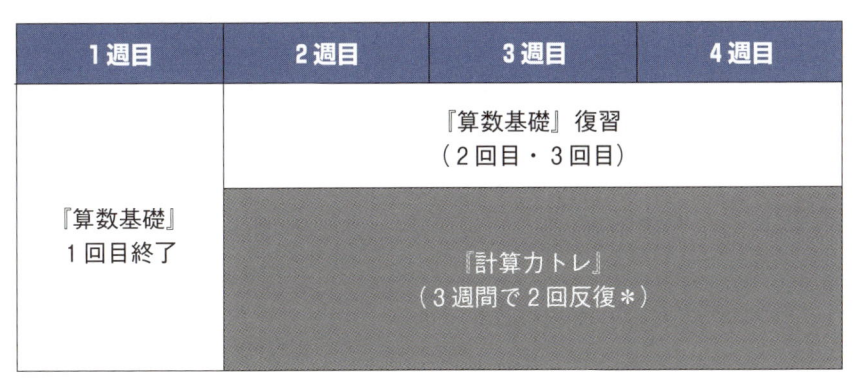

1週目	2週目	3週目	4週目
『算数基礎』1回目終了	『算数基礎』復習（2回目・3回目）		
	『計算力トレ』（3週間で2回反復＊）		

＊「合格」しなかった項目（195ページ参照）をメインに、LEVEL2の「中学数学の復習」と並行してもう1回転させてつぶす（1週間）

How To Use 計算の基礎を確実にマスターする！
『算数基礎』の上手な使い方

進行スケジュール

● 合計３回の反復で正確性とスピードを追求！

　『算数基礎』は、冒頭の「計算の基本」を除いて全部で37項あり、数項目ごとに「たしかめテスト」がつく。このうち、「たしかめテスト」を除く37項と「計算の基本」に１週間で取り組み、残りの３週間で２回目、３回目に移る。下に、４週間の細かい進行スケジュールを載せるので参考にしてほしい。

『算数基礎』の"４週間・３回転"プラン

	月	火	水	木	金	土	日
１週目	１回目						
	1～6＊	7～11	12～17	18～22	23～28	29～33	34～37
２週目	２回目						
	1～4	5～7	8～10	11～13	14～16	17～19	20～22
３週目	２回目					３回目	
	23～25	26～28	29～31	32～34	35～37	1～6	7～11
４週目	３回目					総チェック	
	12～17	18～22	23～28	29～33	34～37	たしかめテスト1～3	たしかめテスト4～6

＊初日には冒頭の「計算の基本」も含む

● LEVEL1　計算力 ●　『算数基礎』

毎日の勉強法①（1週目）

1週目は「1日5〜6項」のペースで丁寧に　　勉強時間 90分

⬜1 **初日の最初は「計算の基本」を丁寧に確認する〈時間外〉**

　1週目は「1日5〜6項」のペースで取り組んでひととおり仕上げる。初日は1〜6項に取り組む前に、冒頭の「計算の基本」をざっと確認しておこう。「計算の基本」では、「整数の計算」「小数の計算」「分数の計算」の四則計算の方法を丁寧に説明している。

　ここは、自分で計算する必要はなく、説明を読んで「自分のやり方」と同じであることを確認するだけでもよいが、説明を読んだあとで、同じ計算を自分で紙に書きながらチェックするとより手堅い。

> ◆◆ ココに注意して進めよう！ ◆◆
> - 「こんな初歩的なことは知っている」と思っても、初心に戻って計算の方法（小数点の処理や計算規則の確認など）をしっかりチェックする。
> - 「自分の計算方法がまちがっていた」とか「自分とはちがう方法でやっている」などの場合は、説明と同じ方法で正解が出るようになるまで、何度でも紙に書いて練習する。

⬜2 **タイトルを見てから「よんでわかる」を確認する〈10分〉**

　各項のタイトル（たとえば、1項は「＋や－だけなら，左から順に計算」）を見て「何を勉強するのか」を頭に入れてから、「よんでわかる」の説明を順に読んで、計算規則や処理手順を1つずつ確認していく（186〜187ページ参照）。右側のカコミの「つまずきポイント」やちょっとした説明なども左の手順と関連させてチェックしておこう。

1 タイトルを見て項のテーマを把握する

1 整数・小数の計算

＋や－だけなら, 左から順に計算

カコミの中の説明もしっかり読む

よんでわかる

次の計算をしましょう。
(1) 50－36＋29　　　(2) 3.7＋2.6－4.8

2 順番に説明を読んで計算方法を確認する

まず　式の中の記号を見て，計算の順序を確かめます。
50－36＋29

つぎに　記号は－と＋なので，**左から順に計算**します。
ひき算をして，
50－36＋29＝14＋29

よって　たし算をして，
50－36＋29＝14＋29＝43　…**答え**

つまずきポイント

＋や－だけの式なら，ふつうは左から順に計算するよ。

(2)
まず　式の中の記号の種類を確かめます。
3.7＋2.6－4.8

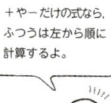

つぎに　記号は＋と－なので，**左から順に計算**します。
たし算をして，
3.7＋2.6－4.8＝6.3－4.8

よって　ひき算をして，
3.7＋2.6－4.8＝6.3－4.8＝1.5　…**答え**

小数の計算も，＋や－だけの式なら，ふつうは左から順に計算するよ。

マスター問題

答えと解説…97ページ

次の計算をしましょう。
☐(1) 53－26＋19　　　☐(3) 74＋53＋48
☐(2) 192－38＋16　　☒(4) 126＋258－67

5「マスター問題」をノートに解いて答え合わせをする

● LEVEL1　計算力　●　『算数基礎』

進め方（1週目）

> 4　「ココのポイント」を読んでここで学んだことを確認する

ココのポイント
● 記号をよく見て，計算の順序を確かめてから計算する。
● 式の中の記号が＋や－だけのとき（×や÷がないとき）は，ふつう左から順に計算する。

かいて デキる

次の計算をしましょう。　　　　　　　□に数をかきましょう。
(1)　81 − 65 ＋ 27　　　　　(2)　6.3 ＋ 1.8 − 4.5

【答えは97ページ】

> 3　「かいてデキる」を読みながら□を埋めていく

(1)
まず　式の中の記号を見て，計算の順序を確かめます。
　　　81 − 65 ＋ 27

つぎに　記号は − と ＋ なので，左から順に計算します。
× 　ひき算をして，
　　　81 − 65 ＋ 27 ＝ [16] ＋ 27

> 答えは直接書き込んでよい

よって　たし算をして，
　　　81 − 65 ＋ 27 ＝ [16] ＋ 27 ＝ [43] … **答え**

(2)
まず　式の中の記号の種類を確かめます。
　　　6.3 ＋ 1.8 − 4.5

つぎに　記号は ＋ と − なので，左から順に計算します。
× 　たし算をして，
　　　6.3 ＋ 1.8 − 4.5 ＝ [8.1] − 4.5

よって　ひき算をして，
　　　6.3 ＋ 1.8 − 4.5 ＝ [8.1] − 4.5 ＝ [3.6] … **答え**

□(5)　9.3 − 2.5 ＋ 0.8　　　　✗(7)　5.4 ＋ 6.8 − 4.5

□(6)　17.6 − 2.8 ＋ 3.5　　　□(8)　4.35 ＋ 0.85 − 2.4

> 巻末の解答で答え合わせをする

> まちがえた問題に×印を入れておく

11

3 「かいてデキる」の穴埋めをする〈5分〉

　つぎに、右ページの「かいてデキる」に取り組む。ここは、「よんでわかる」と同じ手順が示されている。「まず」→「つぎに」→「よって」などの順に、左ページの説明を参照しながら1行ずつ確認し、□で囲まれた空欄にはいる値を計算して書き込む。それを終えたら、巻末の解答を見て答えをチェックする（まちがえた箇所は再計算して直す）。

4 「ココのポイント」を読んでから「マスター問題」を解く〈75分以内〉

　右ページの最上段にある「ココのポイント」には、その項で扱う計算のポイントがまとめられている。ここは、「かいてデキる」をやったあとで読むことで、具体的にどういうことかを理解しやすくなる。

　ポイントを確認したら、下段にある「マスター問題」（7〜8題）を解くが、これは直接書き込まず、ノートやルーズリーフに書いて解く。1週目（1回目）は、「正確性」を優先させるため多少時間がかかってもよい。簡単な計算なら8分、ちょっと複雑な計算は15分を制限時間の目安とする。

> **ココに注意して進めよう！**
> - ノートで計算するとき、途中式が長くなるようなところは、巻末の解答と同じように縦に「＝」を並べて書きつらねていく。
> - 分数の計算は仮分数で答えをだす（解答でも併記してある）。

5 「マスター問題」の答え合わせをする〈5分〉

　巻末の解答を見ながら、「マスター問題」の答え合わせをする。まずは正解か不正解かを確認し、不正解の問題はどこでまちがえているかをチェックし、それがわかったら、その場でまちがえた箇所を赤字で添削する。

　不正解の問題には印をつけておき、翌日、新しい項に取り組む前に、印のある問題だけを解き直す（1日目にはこの解き直しの作業はない）。

● LEVEL1　計算力 ●　『算数基礎』

まちがえた問題は放置しない！

$$25(5)\quad \underline{1.5}\times 2.3-\underline{1.5}\times 0.9-\overset{3\times 1.5}{4.5}\times 0.2$$

$$=2.3\times 1.5-0.9\times 1.5-\underline{\frac{0.2\times 3}{0.6}}\times 1.5$$

$$=(2.3-0.9-\underline{0.5})\times 1.5 \quad\text{（ココでミス！）}$$

$$=0.9\times 1.5=1.35$$

$$=(2.3-0.9-0.6)\times 1.5$$
$$=0.8\times 1.5$$
$$=\underline{1.2}$$

```
  2.3      1.4      1.4
-)0.9    -)0.5    -)0.6
  1.4      0.9      0.8

      4        4
  1.5      1.5
×)0.9    ×)0.8
 1.35     1.20

    4
  1.5
×)0.8
 1.20
```

● どこでまちがえたのかをチェックし、赤字で添削する

毎日の勉強法②（2〜4週目）

● 2週目以降は「マスター問題」のみを解く　🕒 15〜60分（勉強時間）

　2週目以降の解き直し（2回目、3回目）では、「マスター問題」だけを解く。正確性だけでなく、「速く解く」ことも意識してスピードアップを心がける。

　「マスター問題」の量は、2回目の解き直しは「1日24題前後」（8題×3項）、3回目の解き直しは「1日40〜48題前後」（8題×5〜6項）になる。簡単な計算は5分以内、やや複雑な問題なら10分以内で解けることを目標にしたい。

　1回目と同様、答え合わせをしてまちがった問題には印をつけ、どこでミスをしたのかを突き止めてから、その場で解き直しておく。

　4週目の最後の2日間（土日）には「たしかめテスト」を集中的に解く。制限時間の目標は10分以内で、100点満点で85点以上取れれば「ひとまず合格」と考えていい。もちろん、不正解の問題は、どこでミスしたのかを突き止めて解き直す作業も忘れないようにしよう。

How To Use
"慣れ"で計算力＆計算テク習得！
『計算力トレ』の上手な使い方

進行スケジュール

3週間で2回転、残りの1週間でもう1回転！

　『計算力トレ』は全部で60項目ある。計算法の説明と練習問題のみによるシンプルな構成が延々とつづくが、これを3週間で2回転させてひとまず仕上げる。

　最初の12日間は土日も含めて「1日5項目」のペースで進め、2週目の土日はまちがえた問題の見直しにあてる。3週目には「1日9項目」で進めてひとまず終了する。ただし、このあとLEVEL 2（198〜201ページ）の中学数学の復習と並行して弱点部分をつぶし、万全の計算力を築く。

　"2冊セット"で取り組む場合、12日目（2週目の金曜日）が終わった時点で『算数基礎』の2回転目が終わる。そこで、『算数基礎』の3回転目からは、『計算力トレ』で習得したテクニックを使える計算があれば、積極的に適用して計算テクに磨きをかけてほしい。

『計算力トレ』の"4週間・3回転"プラン

	月	火	水	木	金	土	日
1週目	1回目						
	「1日5項目」のペース（1〜35）						
2週目	1回目					復習（1回目）	
	「1日5項目のペース」（36〜60）					1回目でまちがえた問題の解き直し	
3週目	2回目						
	「1日9項目」のペース（1〜60）＊						

＊「不合格」の項目を中心にLEVEL 2の中学の復習と並行してもう1回転させる。

毎日の勉強法①（1回目）

◯「1日5項目」のペースで12日間・1回転　🕐 40〜60分

1. **左ページの解説を読んで、解き方を理解する〈5〜10分〉**

　『計算力トレ』の左ページ（数ページにわたることもある）には、その項目で学ぶ計算方法の説明が載っている。「互素型（炭田法）」や「母子分け」「飛ばし」など聞きなれない名称が出てくるが、これは無理に覚える必要はない。

　いつも自分がやっているやり方とはちがう計算手法が出てくることもあるだろうが、ひとつずつ丁寧に見て、その手法の使い方を理解する。

2. **「計算例」を使って、解説と同じ手法を体験する〈5分〉**

　「計算例」には、例題と解答だけが書かれている。問題をノートに写し、解説の手順を忠実にあてはめて答えを導く。解説で示された計算手法を、そっくりそのまま適用して計算する。

　途中で手が止まってしまったら、もう一度説明を読んで「この段階で何をすべきか」を確認しながら進めていく。きちんと正解が出て要領をつかめたと思ったら、つぎの「練習問題」へ進む。

3. **「標準時間＋1分」を目標に「練習問題」を解く〈3〜7分〉**

　「練習問題」をノートで解く。右上に「標準時間」が記されているが、1回目はこれをクリアーできなくても気にしなくてよい。ただ、ダラダラ取り組むのは効率が悪いので、「標準時間＋1分」をひとまずの目標にする。

> ◇ ココに注意して進めよう！ ◇
>
> ・解説で示された計算手法をそのまま適用して解かないと意味がない。途中でつまったときは、そこで何をすべきかを解説で確認して再開する。

『計算力トレ』の

I 通分と方程式編

1 通分 ●互素型（炭田法）

名称は気にしない
（覚えなくてよい）

1 丁寧に見て計算手法を理解する

① $\frac{1}{2} + \frac{2}{3}$

$\frac{1}{2} \underset{}{\overset{3 \times 1}{}} \underset{}{\overset{2 \times 2}{}} \frac{2}{3}$ → $\overset{3}{\frac{1}{2}} + \overset{4}{\frac{2}{3}} = \frac{7}{6} \leftarrow \boxed{3+4}$, $\boxed{2 \times 3}$

分数の足し算を速く正確にやろう。

分母分子を互い違いに掛け、値を上に小さく書いておく。

分母同士の積を分母へ、上の数値を足して分子に書いてできあがり。

$\frac{1}{2} \times \frac{2}{3}$　✕
　　　　　炭田

② $\overset{15}{\frac{3}{4}} + \overset{8}{\frac{2}{5}} = \frac{23}{20}$ ←$\boxed{15+8}$ ↑$\boxed{4 \times 5}$

③ $\overset{10}{\frac{2}{3}} - \overset{3}{\frac{1}{5}} = \frac{7}{15}$ ←$\boxed{10-3}$

④ $-\overset{9}{\frac{3}{4}} + \overset{20}{\frac{5}{3}} = \frac{11}{12}$ ←$\boxed{-9+20}$

掛け算の向きが、地図記号の「炭田」に似ているので、本書ではこの方法を「炭田法」と呼ぶ。

式中の2数に1以外の公約数がない形を本書では「互素型」と呼ぶ。

マイナスがあっても、同様に計算できる。

【計算例】

⑤ $\overset{2}{\frac{1}{3}} + \overset{9}{\frac{3}{2}} = \frac{11}{6}$

⑥ $-\overset{2}{\frac{1}{3}} + \overset{3}{\frac{1}{2}} = \frac{1}{6}$

⑦ $-\overset{4}{\frac{2}{3}} - \overset{9}{\frac{3}{2}} = -\frac{13}{6}$

⑧ $\overset{8}{\frac{2}{5}} - \overset{15}{\frac{3}{4}} = -\frac{7}{20}$

手順を守って計算しておくれ！

2 同じ計算手法でノートに解いてみる

14

● LEVEL1　計算力 ●　『計算力トレ』

勉強の進め方

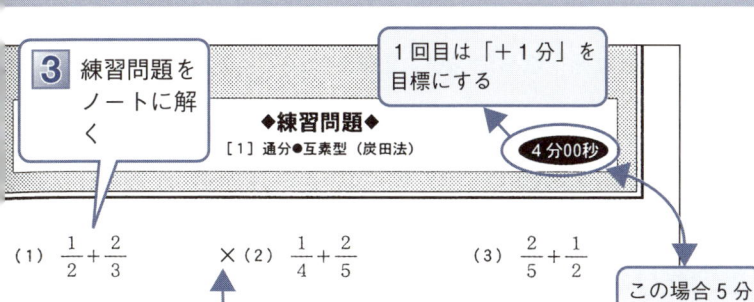

3 練習問題をノートに解く

1回目は「＋1分」を目標にする

◆練習問題◆
[1] 通分●互素型（炭田法）

4分00秒

この場合5分

(1) $\dfrac{1}{2}+\dfrac{2}{3}$　　×(2) $\dfrac{1}{4}+\dfrac{2}{5}$　　(3) $\dfrac{2}{5}+\dfrac{1}{2}$

(4) $\dfrac{2}{3}+\dfrac{1}{8}$　　(5) $\dfrac{4}{9}+\dfrac{1}{2}$　　(6) $\dfrac{1}{5}+\dfrac{2}{7}$

(7) $\dfrac{1}{10}+\dfrac{1}{11}$　　(8) $\dfrac{3}{4}+\dfrac{2}{3}$　　(9) $\dfrac{2}{5}+\dfrac{1}{9}$

(10) $\dfrac{2}{7}+\dfrac{3}{8}$　　(11) $\dfrac{5}{7}+\dfrac{2}{3}$　　(12) $\dfrac{3}{4}+\dfrac{2}{5}$

(13) $\dfrac{1}{2}+\dfrac{1}{5}$　　(14) $\dfrac{1}{3}+\dfrac{1}{8}$　　(15) $\dfrac{1}{2}+\dfrac{5}{9}$

ノートの例

× 1 (p.15)

(1) $\dfrac{1}{2}^{3}+\dfrac{2}{3}^{4}=\dfrac{7}{6}$

(2) $\dfrac{1}{4}^{5}+\dfrac{2}{5}^{8}=\dfrac{40}{20}$ ×

(3) $\dfrac{2}{5}^{4}+\dfrac{1}{2}^{5}=\dfrac{9}{10}$

(4) $\dfrac{2}{3}^{16}+\dfrac{1}{8}^{3}=\dfrac{19}{24}$

まちがえた問題は、本の番号のところに×印を書いておく。翌日、新しい項目に取り組む前に解き直しをする。

④ 「練習問題」の答え合わせをする〈1分〉

巻末の解答を見ながら、「練習問題」の答え合わせをする。解答しか載っていないので、時間があれば計算過程を見直したいが、正解なら「○」不正解なら「×」をつけてつぎの項目に進んでいい。

1回目の復習（2週目の土日）

● 間違えた問題だけをひろって解き直す

1回目は全60項目を終えるに12日間かかる（2週目の金曜日に終える）。そのあとの土日で復習をする。範囲が広いので、土曜日に1～30項目、日曜日は31～60項目をチェックするとよい。

ここでは、「練習問題」を見てまちがえた問題（×印のついた問題）だけを見直し、どこでどう計算ミスしているのかを確認・検証する。とくにまちがいが多かった項目は、もう一度解説を読んで計算方法を確認しておく。十分に理解できていなかったところがあれば印をつけておく。

そのうえで、まちがえた問題を解き直して正解を出せるようにする。不正解の問題が多かったときは土日の復習に時間がかかるが、それほど多くなければ60分程度で終えることも可能だろう。

毎日の勉強法②（2回目）

● 所要時間を計りながら「練習問題」をひたすら解く　勉強時間 60分

3週目（2回目）からは、計算手法をざっと確認したあと「練習問題」をひたすら解く。「1日9項目」と分量は増えるが、2回目からは「標準時間」をクリアすることに目標を置き、それをオーバーしてもかならず所要時間を記録する。

その結果を「自己評価法」（p.7）に照らしてみて、「B」以上なら合格とする。**ここでまちがえた問題と「自己評価法」で合格できなかったすべての項目は、LEVEL 2に入ってからの3回目の復習でつぶしていく。**

● LEVEL1　計算力 ●　『計算力トレ』

「自己評価法」で自分の計算力を評価する

【正確さと速さの評価表】

		解答にかかった時間			
標準時間が 2分30秒 → 以内の問題		標準時間	プラス30秒	プラス1分	プラス1分30秒
標準時間が 3分以上 → の問題		標準時間	プラス1分	プラス2分	プラス3分
ミスの割合	10%	A	B	B	C
	20%	B	B	C	C
	30%	B	C	C	C

『高校入試突破　計算力トレーニング』（桐書房、p.7）

★標準時間4分00秒の「練習問題」を解いて…

> ①かかった時間が <u>5分42秒</u>（1分42秒オーバー）
> ②30問中2問まちがえた
> 　‖
> 　ミスの割合は約6.7%

上の表に照らすと斜線部分のBなので
「合格」！

LEVEL 2

残してきた"穴"を確実に埋めておく！

『これでわかる数学　中学3年』
など

和田式《絶対基礎力》判定テスト
「判定」から導く
中学復習用の参考書紹介

高校数学への"助走路"を築く！
和田式・中学復習プランに沿って高校数学の"土台"を確実に固めよう！

Remediation Plan

判定テストの結果確認

● 弱点になっている学年・分野を特定しよう！

　和田式《絶対基礎力》判定テスト（数学）を解いた人は、ここでもう一度結果を確認しておこう。28ページの「判定」の《得点集計表》を下に載せるので、まずは自分の得点を記入してほしい。

①小学算数＋中学数式計算	Ⅰa＋Ⅰb　　／15

	数式・関数	図形	
中学1・2年	Ⅱa　　／6	Ⅱb　　／6	②中学1・2年合計　　／12
中学3年	Ⅲa　　／4	Ⅲb　　／4	③中学3年合計　　／8
	④数式・関数合計　　／10	⑤図形合計　　／10	⑥全体合計　　／20

　得点を記入したら、28～29ページの得点区分による判定基準を読み、復習すべき学年や分野の得点欄に印をつけてから、このあとの説明を読んでほしい。
　なお、①の小学計算と中学数式計算（Ⅰa＋Ⅰb）が9点以下の人は、すでにLEVEL1（180～195ページ）の計算力強化を終えているという前提で、以下では判定テストの中学範囲のうち「学年ごとの"つまずき"を判定する」（28ページ参照）と「分野別の"弱点"を判定する」（29ページ参照）で引っかかった人に向けた復習プランをケース別に示していきたい。

● LEVEL2　中学数学 ●　残してきた"穴"を確実に埋めておく！

《ケース１》中学１・２年の学習内容を復習する（表の②…12点満点）

【②の得点（Ⅱa＋Ⅱb）が７点以下】

　中学１・２年で習うべきことがかなり抜けている。そこで、『**これでわかる数学中学１年**』『**同・中学２年**』（文英堂）の２冊に取り組む。とくに、ここが５点以下の人は、『**語りかける中学数学**』（ベレ出版）で基本的な事柄を丁寧に理解しながら『**これでわかる数学　中学**』に進む。所要期間は３〜４か月。

【②の得点（Ⅱa＋Ⅱb）が８〜９点】

　中学１・２年の学習内容のところどころに"抜け"がある。『**完全攻略　高校入試中１・２の総復習　数学**』（文理）に取り組んで全体の"塗り直し"をしながら、自分の弱点分野を攻略しておこう。所要期間は約1.5か月。

《ケース２》中学３年の学習内容を復習する（表の③…8点満点）

【③の得点（Ⅲa＋Ⅲb）が６点以下】

　中学３年の学習内容に"穴"を残しているので、『**これでわかる数学　中学３年**』（文英堂）を使って修復する。所要期間は約1.5か月。《ケース１》で②の得点が７点以下だった人も、③の得点に関係なくこの参考書で復習をする。

《ケース３》弱点分野のみを復習する（表の④、⑤…ともに10点満点）

【④「数式・関数」の得点（Ⅱa＋Ⅲa）が６点以下】

　『**やさしい中学数学**』（学研）の該当分野（詳細は201ページ参照）を復習。

【⑤「図形」の得点（Ⅱb＋Ⅲb）が６点以下】

　『**やさしい中学数学**』（学研）の該当分野（詳細は201ページ参照）を復習。

【注意】《ケース１》で②の得点が７点以下の人は、『**これでわかる数学　中学**』シリーズで中学数学を総合的に復習するので、ここでの分野別復習は必要ない。

《ケース４》⑥（全体合計）が16点以下の復習プラン

　若干弱い分野があるか、全体的な完成度が低いことが考えられるので、『**完全攻略高校入試　3年間の総仕上げ　数学**』（文理）を使って、中学３年間の簡単な復習

をする（所要期間は復習込みで2か月）。

　なお、⑥の得点が17点以上の人は、基本的に中学復習をパスしてLEVEL 3に進む。ただし、自分の中で不安が部分があれば、④～⑥を参考に適宜補強しておく。

中学復習用の参考書　特徴と使い方

A.『これでわかる数学　中学』シリーズ（文英堂）

特徴　「例題」「基礎を固める問題」「力をのばす問題」「定期テスト予想問題」で構成される。「考え方」や「解答」は案外あっさりしているので、「要点をチェック」「ここに注意」「得点アップのコツ」「もっとくわしく」などの情報をフル動員して理解するように努めよう。

使い方　「定期テスト予想問題」以外はひととおり取り組む。「要点をチェック」や「例題」に補足されている「ここに注意」「得点アップのコツ」「もっとくわしく」に目を通しておくことで基礎的な理解が深まる。「2日で1項目」、1冊1.5か月完成が目安。理解できない単元があるときは、補助的に**『数学をひとつひとつわかりやすく。』**シリーズ（学研）で該当単元を補強してから取り組むといい。

B.『語りかける中学数学』（ベレ出版）

特徴　いわゆる"読み物"としての参考書で、上記Aのシリーズの"予習本"として使用するのが原則。Aのシリーズの「例題」以前のことや「考え方」「解答」の省略されそうな部分まで細かく説明される。

使い方　単元ごとにAのシリーズを使う前に読み、Aのシリーズをやっていてわからないことが出てきたら見直すようにする。

C.『完全攻略　高校入試　中1・2の総復習　数学』（文理）

特徴　中学の2年分を1冊でまとめて復習する。薄手の問題集でコンパクトだが、その割には解説もそこそこあるので、「読んでわからない」ものではない。

D.『やさしい中学数学』(学研)

特徴 中学3年間の学習内容を1冊にまとめてあるので分量は多いが、数学が苦手な人に向けてわかりやすい解説があるので、中学数学の知識がぽっかり抜けている人でも十分に使いこなせる。くわしい解説のある「例題」と、その類題である「CHECK」からなり、最終的にすべて自力で解けるようにすることが目標となる。

使い方 基本的に弱点分野を補強するために使うので、チェックテストの判定に応じた該当範囲の「例題」と「CHECK」を解いていく。

「数式・関数」の復習が必要な人(④が6点以下)は、「比例・反比例」「1次関数」「関数$y = ax^2$」の3分野にまず取り組み、それを終えたら中学の計算分野(「正の数・負の数」「文字と式」「方程式」「式の計算」「連立方程式」)に含まれる文章題に取り組む(所要期間は1か月前後)。

「図形」の復習が必要な人(⑤が6点以下)は、「平面図形」「空間図形」「図形の性質と証明」「相似な図形」「三平方の定理」「円の性質」の6分野に取り組んでおく(所要期間は1か月前後)。

「例題」は解説を読んで理解してから自力で解き、解けたら「CHECK」を解いて解答検討をする。1つの分野を終えたら、その範囲の「例題」と「CHECK」をもう一度通して解き、全問正解できたらつぎの分野に進む。

E.『完全攻略 高校入試 3年間の総仕上げ 数学』(文理)

特徴 基本的な構成は前ページのCと似ている。全24項目を「2日で1項目」で取り組むと、総復習込みで2か月程度で終わる。

使い方「入試対策特集」は、「計算編」はすべて取り組み、「実践編」はできれば苦手な分野だけでも選んで取り組んでおく。

LEVEL 3

数学Ⅰ・Aを
ゼロから完全理解

9

『高校 これでわかる
数学Ⅰ＋A』
（204ページ）

Best Selection 10　　　　　　　　　●高校数学の基礎がため●

教科書レベルの基礎を、
"理解型暗記" の実践で確実に定着させる！

『高校　これでわかる数学Ⅰ＋A』（文英堂）

略称『これでわかる数学』

Purpose　この本を使う　目的

この本で
「解法暗記」の土台をガッチリかためる！

　「5分考えてもわからない問題は、模範解答を見て解法をどんどん覚えろ」「覚えた解法を組み合わせて使うトレーニングをしろ」。私の提唱する**「解法暗記」**は、つまるところ、この2つの主張に要約される。

　解法を覚えるための参考書としては、おもに数研出版の『チャート式』シリーズ（「基礎からの数学」は「青チャート」、「解法と演習数学」は「黄チャート」）をすすめているが、「『チャート式』による解法暗記がどうしてもうまくいかない」という悩みも多く寄せられる。

　たしかに、「青チャート」の問題レベルは、難関大学にも十分対応できるほどの高さだ。しかし、模範解答は「教科書レベルの基本事項」さえわかっていれば、理解できないことはない。それが理解できないということは、ようするに教科書の内容がわかっていないのだ。

　しかし、すでに理解できなくなっているか、先に進んでしまっている授業には頼れない。そこで、「解法暗記」を進めていく土台となる教科書レベルの基本知識を、なんとか短期間で習得したい。これは数学で困っている多くの受験生に共通する切実な願いだろう。

　その願いをかなえる切り札となり得るのが、ここで紹介する『これでわかる数学』だ。

● LEVEL3　数学Ⅰ・A ●　『これでわかる数学』

　『これでわかる数学』は、入試までに残された期間の多い・少ないによって、いくつかのやり方が選べる。つまり、この本には **"残された期間"によって多目的に使える**という特長があるのだ。

　たとえば、数学が中学時代から苦手で、数学Ⅰ・Aの授業がよく理解できない高１生なら、授業の補助として使える。その場合、授業のペースに合わせて長期的に活用する。

　数学Ⅰ・Aが苦手なまま高２生、あるいは高３生になってしまった人は、入試レベルの参考書も効率よく進められない。そこで、『これでわかる数学』を使って、教科書レベルの内容を短期間で復習し、つぎのステップにつなげる。

苦手な人でも抵抗感なくはいれる抜群の親切さ

　『これでわかる数学』は、タイトルにもあるように「わかる」＝「理解する」ことに重点を置きつつ、網羅性も備えているのが最大の特長だ。

　ほかの参考書では「知っていて当然」として省略される初歩的なことでも、きちんと説明してくれる親切さが光る。導入部では、中学数学の内容にも触れながら、高校分野に導いてくれるので、中学数学が多少あやしい人でもそれほど抵抗なく取り組めるだろう。

　問題のレベルは教科書範囲を超えない（一部入試レベルも含む）。「例題」には「基本例題」「応用例題」「発展例題」の３種類あるが、「応用例題」でも教科書の章末問題程度のレベルなので、むずかしいという先入観を持たなくていい。

　問題量は、"理解重視型"の参考書としてはかなり多いほうで、**「例題」をひととおりこなすだけでも、最低限の基礎知識は習得可能**だ。網羅性の点でも、十分に合格点を与えられる。

あくまでも"通過点"でしかない

『これでわかる数学』は、教科書レベルの域を出ないので、これ1冊を仕上げても、入試レベルには届かない。当然のことだが、このあとは『チャート式』のような入試レベルの参考書で"解法暗記"を進めていく必要がある。あくまでも"通過点"だということを肝にめいじておこう。

また、「理解重視型」の参考書ではよくあることだが、「読んだだけで、理解したつもり」にならないように注意したい。実際、かなり初歩的な説明からはいっているが、「そんなことくらい知っている」と、雑な読み方になってしまわないように注意しよう。

2パターンのうち、自分に合ったほうを選ぼう

この本では、2パターンの全体計画を提起する。時間不足の受験生や出遅れた高2生対象の2.5か月計画「特急プラン」と、数学を基礎からやり直す時間的な余裕がある高1生や高2生を対象とする5.5か月計画「標準プラン」だ。

①特急プラン　～2.5か月でしのぐ"超速攻"コース

まず「特急プラン」だが、勉強時間は「1日1コマ90分」を単位とする。次ページに、1週間で進むべき問題数と対応する章・節を示す。月〜土は、目安として「1日3〜5題」（または3〜5ページ）のペースで、「例題」だけを進める。

ただし、問題の質や難易度によって90分でこなせる問題数も変わってくるので、「1日で何題進む」と決めずに、「1週間で何題」と週単位でノルマを設定する。

次ページでは、単元の特性を見きわめ、時間がかかりそうな単元では多めに、そうでない単元は少なめの量を1週間単位で割り振った進行スケジュールを示す。

②標準プラン　～着実に力をつける5.5か月計画

「標準プラン」は、1冊を5.5か月で終える。こちらは、それなりに時間に余

● LEVEL3 　数学Ⅰ・A ● 『これでわかる数学』

『これでわかる数学』特急プラン

	月〜土曜日	日曜日	例題数
1週目	1章1節（p.6〜21）	週間復習日	22
2週目	1章2〜4節（p.22〜44）		24
3週目	2章1・2節（p.48〜66）		11
4週目	2章3節（p.67〜82）		19
5週目	3章1・2節（p.86〜107）		20
6週目	3章3節（p.108〜115）＋4章（p.120〜141）		14
7週目	5章1・2節（p.146〜p.173）		19
8週目	5章3〜5節（p.174〜209）		25
9週目	6章1節（p.214〜237）		14
10週目	6章2〜4節（p.238〜256）		13
11週目	7章（p.260〜281）		20

勉強のポイント

- 「1日1コマ90分」が勉強時間の基本単位。
- 「進む勉強」は月〜土の6日間、日曜日は週間復習日。
- 「1日3〜5題」を目安にするが、ノルマは1週間単位で決める。
- 1週間単位で決められたノルマを消化できるように、「あと何題残っているか」がひと目でわかるような表をつくっておく。
- 取り組む問題は「例題」のみ、全201題。
- 日曜日の復習では、その週の範囲で間違えた問題を解き直す。
- 5〜7章（数学A）は、センター試験では選択制になる旨が告知されている（2項目を選択）。ただし、2次試験で数学が課される場合はすべてが出題範囲にされることが普通。

裕のある人が対象となるが、学校で１年かかってやることを、その半分以下で消化しようというのだから、「ラクができる」というわけではけっしてないし、のんびりもしていられない。

　たとえば、文系の難関大学を志望する高２生が、夏休み明けの９月からはじめたとすると、１冊終えるのに２月いっぱいまでかかる。高３の夏休み過ぎまでには、「青チャート」や「黄チャート」による「解法暗記」を終了させたいので、逆算すると、数学Ⅰ・Ａ・Ⅱ・Ｂの４科目を７〜８か月で仕上げなければならない。これは、数学が苦手な人には、かなり余裕のないスケジュールだ。

　いずれにしろ、5.5か月という期間は、入試までの"残り時間"を考えるとけっして短くはない。高２生も、できるだけ早い時期に『これでわかる数学』を終える計画を立てないと、高３になってからけっこうきつくなるので注意しておこう。

　「標準プラン」でも「１日90分」を勉強時間の単位とし、月〜金までの５日間を「進む勉強」、土日の週末は「週間復習日」として確保する。ペースは「１日４題前後」を目安に、「例題」と「類題」の両方に取り組む。「類題」は多少のやり残しが出てしまってもしかたがないが、「例題」はすべて消化することが条件だ。

　ノルマは「１日何題」と決めず、「２週間で例題22＋類題20」というような目標を立てておき、あとは進めながら帳尻を合わせていくやり方のほうが現実的だ。

　次ページの進行表は、時間がかかりそうな単元とそうでない単元を考慮したうえで、２週間単位のノルマを割り振ったものである。

● LEVEL3　数学Ⅰ・A ●　『これでわかる数学』

『これでわかる数学』標準プラン

	月〜金曜日	土・日	例題	類題	合計
1・2週目	1章1節	週間復習日	22	20	42
3・4週目	1章2・3節		24	24	48
5・6週目	2章1・2節		11	11	22
7・8週目	2章3節		19	16	35
9・10週目	3章1・2節		20	20	40
11・12週目	3章3節＋4章		14	12	26
13・14週目	5章1・2節		19	27	46
15・16週目	5章3節		25	32	57
17・18週目	6章1節		14	12	26
19・20週目	6章2〜4節		13	13	26
21・22週目	7章		20	18	38
23・24週目	総復習＋「定期テスト予想問題」				

勉強のポイント
- 「1日1コマ90分」が勉強時間の基本単位。
- 「進む勉強」は月〜金の5日間、土日は週間復習日。
- 「1日3〜5題」を目安にするが、ノルマは2週間単位で決める。
- 取り組む問題は「例題」201と「類題」205の合計406題。
- 土曜日は「例題」、日曜日は「類題」の解き直しが中心。
- 最終の2週間（23・24週目）は総復習。

How To Use

"理解型暗記"の実践で着実に基礎がため！
『これでわかる数学』の上手な使い方

平日の勉強法

●「解法暗記」を実践して基本パターンを身につける

　『これでわかる数学』は、教科書レベルの問題を扱っているが、「例題」をすべて自力で解いていると、とてもではないが時間がかかりすぎてしまう。

　そこで、理解しながら解法を覚える「解法暗記」を「例題」にも適用して、基本知識と基本的な解法パターンを効率よくストックしていく（解法暗記→34ページ参照）。

1 説明部分を丁寧に理解しながら読む

　各章や各節の冒頭には、中学で習ったことの確認と、それが高校数学でどう発展するかについて説明していることが多い。中学数学の内容を思い出しながら、これから何を学ぼうとしているのかを、しっかりイメージしておく。この部分も含めて、解説のページはじっくり、丁寧に読みながら理解していく。

> ◇◇◇ ココに注意して進めよう！ ◇◇◇
> ●理解できないところが多少あっても、この段階ではあまり考え込まず、とりあえず「例題」に進んでいい。

2 自力で解けたら、すぐに「解答例」と照合する

　解説をひととおり読んだら「例題」に取り組もう。ここでは専用のノートを用意しておく。

　因数分解のような"単純計算型"の問題は、その下の「解法ルール」を見ながらでいいから、いきなり解きはじめ、答えが出たら「解答例」を見てその場で答え合わせをする。

方針がすぐには見えない、たとえばグラフを描いて考えるような問題は、ノートにあれこれ書きながら方針を考える。手が動かない場合には下の「解法ルール」を見てからもう一度考える。解き方がわかれば、そのまま解き進め、答えが出たらすぐに「解答例」と突き合わせて答え合わせをする。

その後の処理法は、正解、不正解に分けて説明する。

① **正解**だったとき

問題のわきに「○」をつけて、つぎの例題に進む。不安がなければ、「解答例」は読まなくてもいい。

ただし、よくわからないまま解いて「たまたま合ってしまった」と感じたときは「△」をつけ、「解答例」を読んで、アイマイだったところをしっかり理解してからつぎの例題に進む。

② **不正解**だったとき

方針も解き方も合っていたのに、途中の計算ミスが原因で不正解だった場合のみ「△」を、それ以外は「×」をつける。「×」がついた問題は、次ページの 4 (解答再現) と同じことをする。

「△」の問題は、自分のノートを見て、どこでどんな計算ミスをしたのかを見つけて、赤ペンで「ここでミス！」と書き込み、その場で計算をやり直して正解を導く。

3　5分考えてわからなければ「解答例」を見る

5分考えても解答の糸口がつかめないときは、「×」をつけてから下の「解答例」を見る。まずはひととおり解答を読んでみて、全体の流れを理解する。スムーズに理解できたら、4 の《解答再現》の作業に移る。

もし「解答例」の中でどうしても理解できない部分があれば、そのページに"付せん"を貼ってからつぎの例題に進む。理解できない部分は、翌日、先生や友人に聞いて解決し、その日のうちに 4 の《解答再現》の作業を行う。

4 解説を理解できたら《解答再現》を行う

「解答例」を読んで、解答の流れを大すじで理解できたら、ノートに「解答例」と同じ流れで解答を書いていく。この作業を《解答再現》と名づける。

《解答再現》には、自力で解答を作成するか、「解答例」を書き写すか、両者の中間型か、の3タイプがある。それぞれどういうケースに適切かなども含め、やり方を説明しておく。

① 「解答例」を見ずに解答を再現 ＝ 自力型

「解答例」を読んで理解したあと、これなら自力で解けそうだと思ったときは、自力でノートに解き直してみる。その際には、「解答例」で使われている図や説明の言葉（「…と変形できるから」「右図のように」「したがって」など）も、できるだけ忠実に再現するように心がける。

答えまで出たら、「解答例」と比較して、足りない要素を書き加えるなど、自分の解答を赤字で添削する（次ページ参照）。

② 「解答例」をときどき見て解答を再現 ＝ 中間型

自力で解けそうな気はするものの、「解答例」にほぼ忠実な流れの答案をつくれるか不安なときは、とりあえず自力で解き直してみる。ただし、途中でつまったり、次の式につなぐうまい言葉が出てこなかったりするときは、「解答例」をときどきカンニングして、「解答例」と同じような解答に整えていく。

①の《自力型》をやっていて途中でつまったり、うまい説明の文が思いつかなかったりするときは、この《中間型》に切りかえる。

③ 「解答例」をそのまま書き写す ＝ 模倣型

解答は理解できたが、途中でどう書けばいいのかつまりそうで、自力で答案を再現する自信がないときは、「解答例」をそっくりノートに書き写していこう。

このとき、何も考えずに書き写すのは絶対に厳禁！　書きながら、「なぜこの式を変形する必要があるのか」「なぜ、このような場合分けになるのか」など、ひとつひとつ考え、理解しながら書き写していかなければ意味がない。

計算もかならず自分の手でやり、グラフなども自力で描くことが大切だ。

● LEVEL3　数学Ⅰ・A ●　『これでわかる数学』

自力型《解答再現》のノート作成例

▼『これでわかる数学』の問題

> 次の2次関数の最大値、最小値を求めよ。
> (2)　$y = -x^2 - 2x + 2$ 　$(0 \leq x < 2)$

▼『これでわかる数学』の模範解答

(2)　$y = -x^2 - 2x + 2 = -(x+1)^2 + 3$
　　$0 \leq x < 2$ の範囲でグラフをかくと、右のようになる。
　　グラフより、最高点は点$(0, 2)$、点$(2, -6)$ は最下点とはならない。
　　したがって、
　　$\begin{cases} x = 0 \text{ のとき，最大値　} 2 \\ \text{最小値なし} \end{cases}$　…圏

（頂点が最高点ではない！）

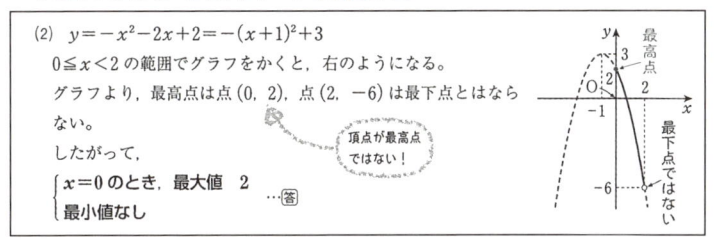

『高校　これでわかる数学Ⅰ＋A』（文英堂）p.62「基本例題」53(2)より

▼ノート作成例　（黒い字が自力の解答、青い字が添削）

(2)　$y = -x^2 - 2x + 2$
　　　$= -(x^2 + 2x) + 2$
　　　$= -\{(x+1)^2 - 1\} + 2$
　　　$= -(x+1)^2 + 3$

$0 \leq x < 2$ でグラフをかくと右のようになる

~~よってグラフより右のように~~
$x = 2$ のとき $y = -4 - 4 + 2$
　　　　　　　　$= -6$

よって　最大値2，~~最小値　-6~~

$x = 0$ のとき

→ 最小値なし

$x = 2$ は含まない！

点線にする

点線にする

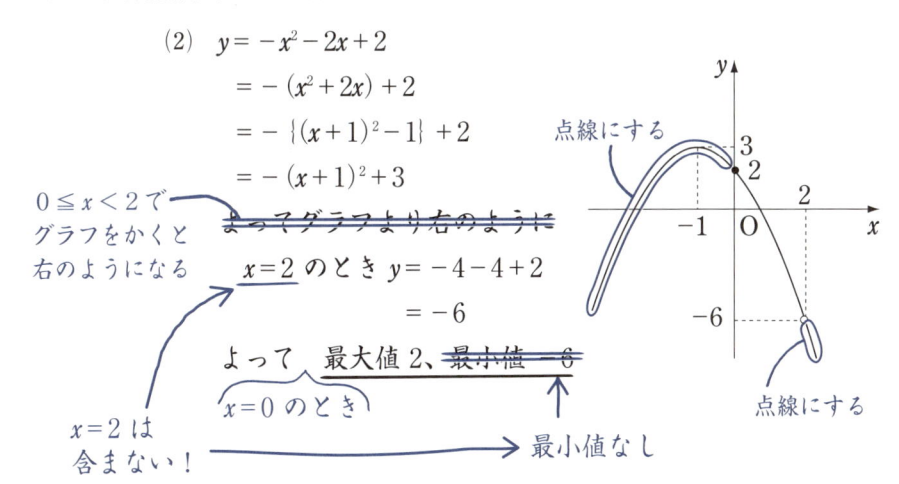

> ◆ ココに注意して進めよう！◆

- 『自力型』『中間型』『模倣型』のどれでも、《解答再現》を行った場合は、最後に本の「解答例」を読み返す。このとき、「ここがポイントだ」とか「この考え方は自分にはできなかった」などと思うところをマークしておく。

5 「標準プラン」は、同じ要領で「類題」にチャレンジ

　以上のように「例題」に取り組んだら、5.5か月「標準プラン」の場合は、例題の下にある「類題」もまったく同じ要領でチャレンジする。

　2.5か月「特急プラン」を選択した人は、「類題」をパスしてつぎの「例題」に進む。

6 翌日は「△」と「×」を解き直す

　翌日の勉強の最初は、前日解いた問題のうち、「×」と「△」の問題を解き直す。ここで完全に自力で解ければ「○」、方針と流れは合っていたが計算ミスで不正解だったときは「△」、5分以内に自力で解けなかったときは「×」をつける。

　こうすると、「○」「△○」「×○」「△△」「△×」「××」「×△」というように、一見して"苦手指数"がわかる。

「解答例」への書き込み例

基本例題 53　　　　　　　　　　2次関数の最大・最小(2)

次の2次関数の最大値, 最小値を求めよ。
(1) $y = x^2 - 2x + 3$　　$(0 \leq x \leq 3)$
(2) $y = -x^2 - 2x + 2$　　$(0 \leq x < 2)$
(3) $y = 2x^2 - 4x + 1$　　$(0 \leq x \leq 2)$

テストに出るぞ！

ねらい
定義域に制限がある場合について, 2次関数の最大値・最小値を求めること。

解法ルール
① $y = a(x-p)^2 + q$ と変形する。
② 与えられた範囲(定義域)でグラフをかく。
③ グラフの最高点, 最下点を見つける。
　　(最高点で最大となり, 最下点で最小となる。)

最大値・最小値を求めるときはグラフをかいて求めよう。定義域の両端で最大値・最小値をとるとは限らないのよ。　重要！

解答例
(1) $y = x^2 - 2x + 3 = (x-1)^2 + 2$
　$0 \leq x \leq 3$ の範囲でグラフをかくと, 右のようになる。
　グラフより, 最高点は点$(3, 6)$, 最下点は点$(1, 2)$である。
　したがって,
　$\begin{cases} x=3 \text{ のとき, 最大値 } 6 \\ x=1 \text{ のとき, 最小値 } 2 \end{cases}$ …答

定義域でない部分は点線で！

$x=0$, $x=2$ を $y=-x^2-2x+2$ に代入する

(2) $y = -x^2 - 2x + 2 = -(x+1)^2 + 3$
　$0 \leq x < 2$ の範囲でグラフをかくと, 右のようになる。
　グラフより, 最高点は点$(0, 2)$, 点$(2, -6)$は最下点とはならない。
　したがって,
　$\begin{cases} x=0 \text{ のとき, 最大値 } 2 \\ \text{最小値なし} \end{cases}$ …答

この言葉は入れる！

頂点が最高点ではない！　重要！

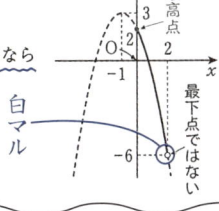

白マル　最下点ではない

「和田式・暗記数学」

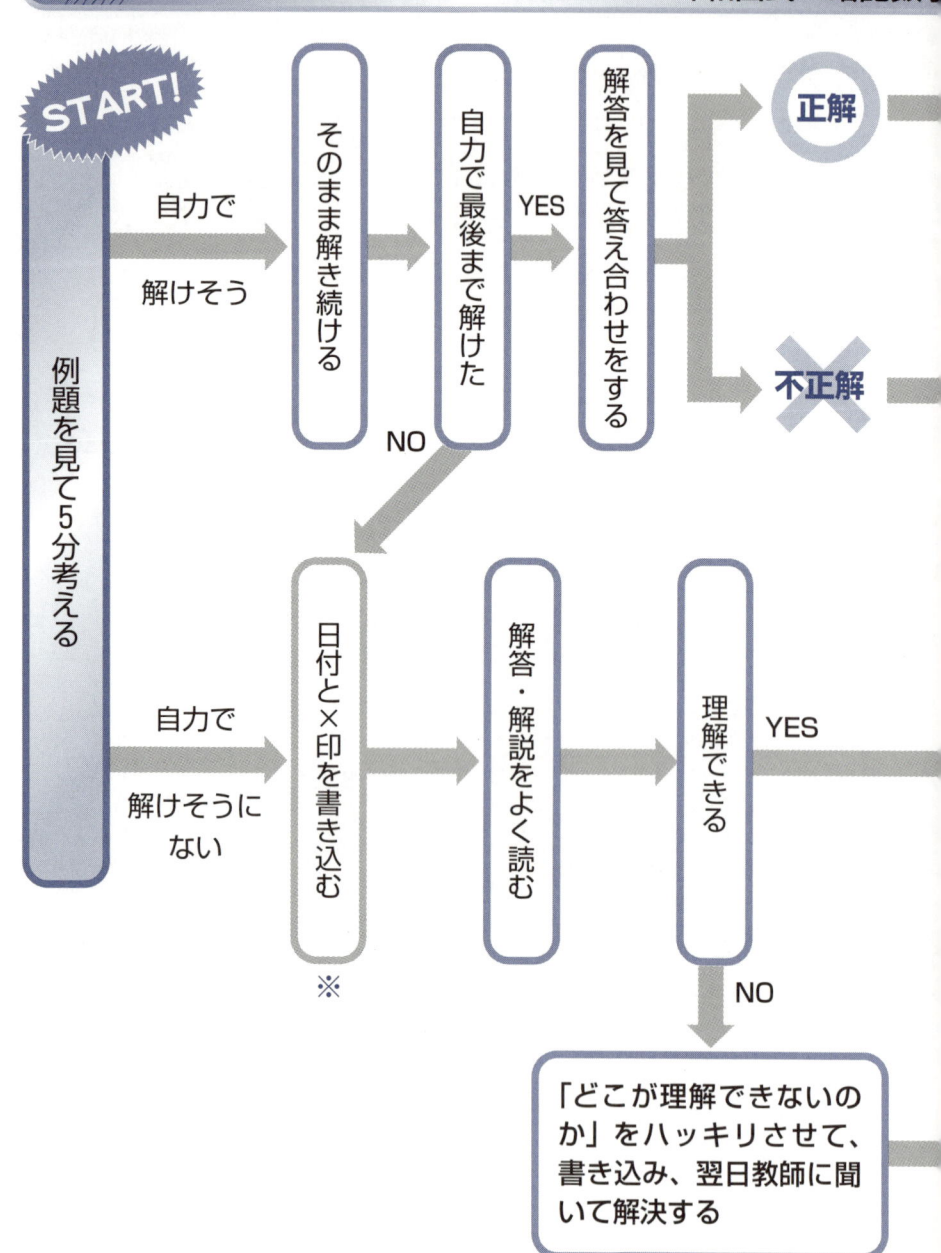

START!

例題を見て5分考える

自力で解けそう → そのまま解き続ける → 自力で最後まで解けた → YES → 解答を見て答え合わせをする → 正解 / 不正解

自力で最後まで解けた → NO ↓

自力で解けそうにない → 日付と×印を書き込む ※ → 解答・解説をよく読む → 理解できる → YES

理解できる → NO → 「どこが理解できないのか」をハッキリさせて、書き込み、翌日教師に聞いて解決する

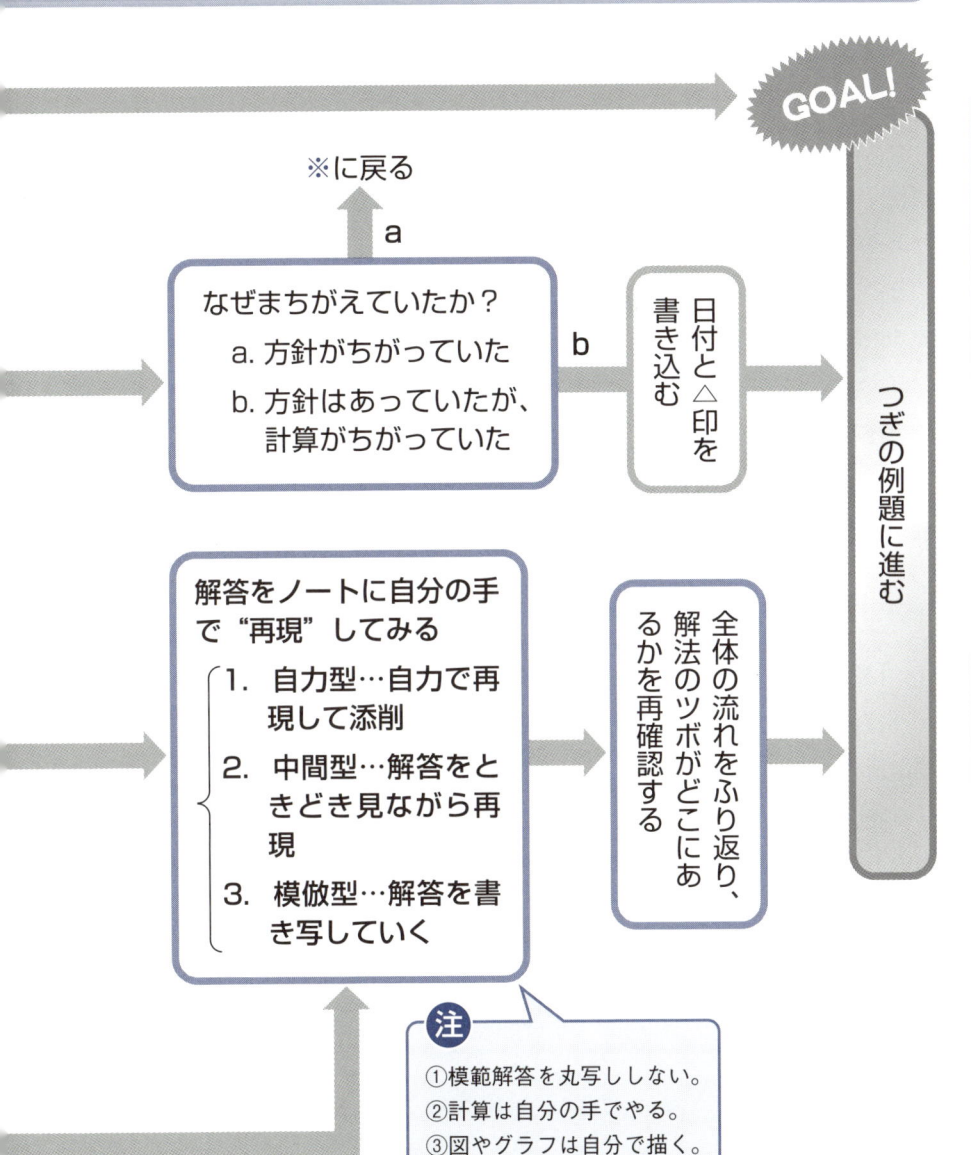

● LEVEL3　数学Ⅰ・A ●　『これでわかる数学』

解法暗記の進め方

GOAL!

※に戻る

a

なぜまちがえていたか？
a. 方針がちがっていた
b. 方針はあっていたが、計算がちがっていた

b

日付と△印を書き込む

つぎの例題に進む

解答をノートに自分の手で"再現"してみる
1. 自力型…自力で再現して添削
2. 中間型…解答をときどき見ながら再現
3. 模倣型…解答を書き写していく

全体の流れをふり返り、解法のツボがどこにあるかを再確認する

注
①模範解答を丸写ししない。
②計算は自分の手でやる。
③図やグラフは自分で描く。

土日の勉強法(週間復習)

土日は復習を徹底、「自力」で問題を解く!

和田式の「解法暗記」は、「自力で解けるまで考える"自力型"」のやり方とくらべると、圧倒的に速いスピードで解法をストックできる。しかし、知識や解法の定着率に関しては、自力で解けた感動が強く印象に残る"自力型"にくらべて劣る面があるのは否めない。

そこで必要になるのが、徹底した復習重視の姿勢だ。ここでの復習は、「解答を見ずに自力で解ける」かどうかのチェックが中心になる。自力で解けた問題については、解法パターンが確実に定着したと考えていい。しかし、解けなかった場合は、定着が不十分な証拠と考え、さらに復習をくり返す。

以下、週末の復習のやり方について、「特急プラン」と「標準プラン」に分けて説明しておく。

「特急プラン」の復習法

1 「要復習」の例題のみを自力で解き直す

「特急プラン」では、月~土の6日間で進んだ範囲の「例題」について、日曜日に復習をする。

例題のわきには、「○」「△」「×」の印が1つか2つついているはずだ。いきなり自力で解けた「例題」には「○」が1つだけついているが、これは復習の必要はない。

日曜日に「要復習」の例題は、つぎのような4つのパターンで印がついているものだ。

①×× ②△× ③×△ ④△△

①から順に、復習の優先度の高い順になっている。

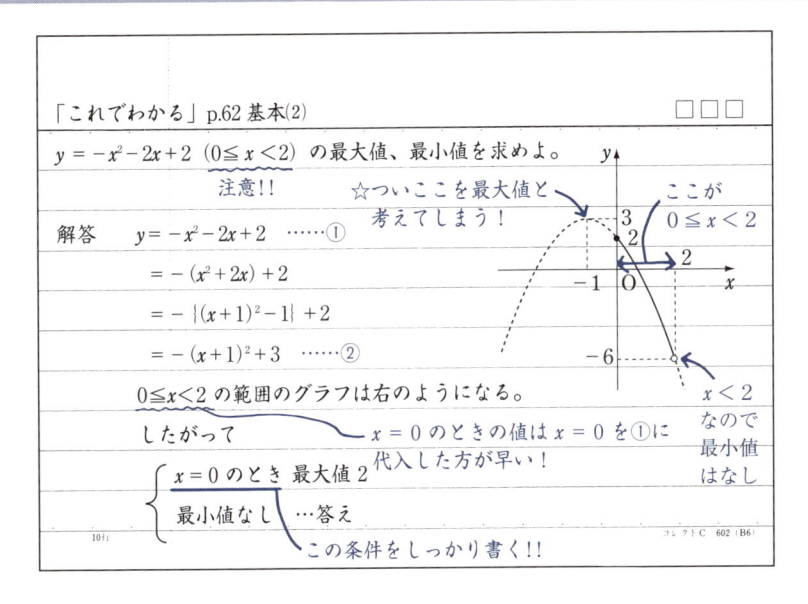

● LEVEL3　数学Ⅰ・A ●　『これでわかる数学』

「和田式カード」の作成例

```
「これでわかる」p.62 基本(2)                          □□□
y = -x² - 2x + 2　(0 ≦ x < 2) の最大値、最小値を求めよ。
            注意!!       ☆ついここを最大値と          ここが
解答    y = -x² - 2x + 2  ……①    考えてしまう！         0 ≦ x < 2
         = -(x² + 2x) + 2
         = -{(x+1)² - 1} + 2
         = -(x+1)² + 3  ……②
                                                          x < 2
0 ≦ x < 2 の範囲のグラフは右のようになる。                  なので
                                                          最小値
したがって     x = 0 のときの値は x = 0 を①に              はなし
              代入した方が早い！
{ x = 0 のとき 最大値 2
  最小値なし  …答え
              この条件をしっかり書く!!
```

2 自力で解けなければ「和田式カード」へ

　日曜日に確保する勉強時間は、「要復習」の例題の数によって変わってくる。最低でも90分は見積もっておき、必要ならば時間を延長して取り組む。

　ここでやることは「要復習」のマークがついた問題を、自力で解けるかどうかをチェックすることだけだ。

　自力で解けたら「○」、解けなければ「×」、計算ミスは「△」の印をつけ、「×」がついたものだけを「和田式カード」にする。ちなみに「△」がついた問題は、この段階ではその場で解き直しておけばOKだ。

　「和田式カード」は、つぎの日から、毎日持ち歩いて空き時間にチェックし、"追試"をつぎの日曜日に行う。

　「×」がつけばそれだけ日曜日がどんどんつぶれるという危機感を持って、毎日の勉強をぬかりなく、丁寧に進めていくように心がけてほしい。

●「特急プラン」の復習法

1 「例題」は土曜日、「類題」は日曜日に

「標準プラン」は、土曜日と日曜日を週間復習の日とする。

土曜日には「例題」、日曜日には「類題」を、「特急プラン」と同じ要領で解き直せばいい。

ただし、ここで「×」がついた問題は、まだ「和田式カード」にしなくてもいい。

2 ラスト2週間は「例題」「類題」の総復習

「標準プラン」の最後の2週間は、「総復習期間」として、それまでの週末復習で「×」か「△」がついた「例題」「類題」の解き直しを行う。

ペースとしては、「1章分3日・2章分2日・3章分2日・4章分1日・5章分3日・6章分2日・7章分1日」（計14日）を目安にするといいだろう。「和田式カード」にするのは、ここで「×」がついた問題のみに絞り込む。

思ったよりも「×」「△」の問題が少なくて、時間的に余裕があるときは、章末にある「定期テスト予想問題」に取り組む。これは力試しだと思えばいい。まちがえた問題の解き直しは1回はやってほしいが、それ以上深追いする必要はない。

逆に、「×」と「△」の数が多すぎて時間が足りないときは、とりあえず「×」がついた「例題」だけを優先的につぶしていくようにする。それで時間があまったら、「×」がついた「類題」の解き直しをする。

つぶすべき優先順位は、①「×の例題」、②「△の例題」、③「×の類題」、④「△の類題」の順だ。

『これでわかる数学』を使うときの注意点

思うように進まないときは…

　LEVEL2で中学数学の復習を終えてから『これでわかる数学』に移ったとき、それでも理解できないことが多く、思ったほど進まないこともあるだろう。

　その場合、高校数学の初歩レベルの事柄を、もっとかみくだいて、やさしく説明してくれる**『高校　とってもやさしい数学　その1（数学Ⅰ・A）』『同・その2（数学Ⅰ・A）』**（旺文社）に取り組んでから『これでわかる数学』に進むと、よりスムーズに接続できる。

入試レベル参考書とのギャップを解消するには…

　『これでわかる数学』を終え、「青チャート」のような入試レベルの参考書で本格的な「解法暗記」に移る際、レベルギャップを感じるかもしれない。「青チャート」は入試標準〜やや難レベルの例題を多く含み、解答・解説も『これでわかる数学』ほどは親切でないからだ。

　こうした場合、まずは実際に「青チャート」を使ってみてから、どうすればいいかを判断したい。とりあえず"お試し期間"として「青チャート」を2週間やってみて、どうにも使いこなせないと思ったら別の参考書に乗り換える。意外にいけそうな感じなら、そのまま「青チャート」で解法暗記をつづけていい。

　「青チャート」が使いこなせないと判断した人は、1レベル下の「黄チャート」で「解法暗記」を進めるか、解説がくわしく丁寧な**『元気が出る数学』**シリーズ（マセマ）を経由してから「青チャート」につなぐ方法が考えられる。

　前者の場合は、「解法暗記」のあとの実戦演習（試行力養成）にたっぷり時間を確保すれば難関大学の入試にも対応できる実力がつく。後者の場合は、2か月ほど余分に時間がかかることを想定して入試に間に合わせる計画を立ててほしい。

Q&A

緊急「使い方」相談室
こうすれば、もっとうまくいく！
『高校 これでわかる数学Ⅰ＋A』編

> **Q**
> 「特急プラン」で進めているのですが、途中でスランプに陥ったこともあって、1か月たって予定の6割程度しか消化できていません。1日の勉強時間をこれ以上増やせない事情もあり、どうすればいいのか困っています。

A ▶ **4章や5章をパスして進める**

　予定より遅れている場合、いちばんマズいのは「いい加減に流してお茶を濁す」やり方になることだ。そうまでして帳尻を合わせるくらいなら、思い切ってどこかの章をパスして、残りの章にその分の時間をまわしたほうがいい。

　パスする章としては、1章4節「集合と論理」、4章「データの分析」、5章「場合の数と確率」あたりだろう。これらの3つは独立性が高く、あとでまとめて攻略することが可能だ。

　とくに「場合の数と確率」は、考え方や解法さえマスターすれば、小学生でも大学入試問題を解けてしまうような単元だ。入試レベルの参考書にステップアップしてから取り組んでもどうにかなるので、いまの段階でこの単元にこだわる必要はない。

　「集合と論理」も、必要条件・十分条件など、試験に出るパターンはかぎられているので、あとにまわして大きなキズになることはない。志望校の入試傾向によっては、完全に無視できることもある。ただし、証明問題がよく出る大学では捨てられない。ついでに言うと、センター試験ではほぼ確実にでる。

　時間はかぎられている。その中でできることにも限界がある。そこで必要になるのが「捨てる」という発想だ。

● LEVEL3　数学Ⅰ・A ●　『これでわかる数学』

Q

現在高校2年生ですが、『これでわかる数学』のⅠ＋Aを終わったあと、同じシリーズのⅡ＋Bにいくべきか、それともⅠ＋Aの本格的な「解法暗記」にステップアップすべきか迷っています。

A　Ⅱ・Bの授業の"理解度"を軸に考える

　高校数学の"連続性"を考えると、Ⅰ・Aを土台としてその上にⅡ・Bが、さらにその上にⅢがくる。つまり、Ⅰ・Aの基礎を確実にかためておけば、人によっては比較的すんなりⅡ・Bに移れる（個人差もある）。

　それを考えると、Ⅱ・Bで『これでわかる数学』シリーズを使わずにすむこともある。高2生で、Ⅱ・Bを現在学校でやっている場合、『これでわかる数学』のⅠ＋Aを終えたことで、Ⅱ・Bの授業も多少なりとも理解できるようになった実感があればしめたものだ。授業を追う形で、自宅ではⅡ・Bの本格的な「解法暗記」を進めていくのがいい。時間に余裕があれば、Ⅰ・Aでの本格的な「解法暗記」も負担のない形で並行させたいところだ。

　ただ、やはりⅡ・Bの授業がほとんど理解できず、かなり取り残されてしまったのなら、『これでわかる数学』のⅡ＋Bを、授業の理解を目的として使用し、家での勉強は、Ⅰ・Aの本格的な「解法暗記」へとステップアップしていくといい。

　この選択は、Ⅱ・Bに不安が残るものの、少なくともⅠ・Aに関しては入試レベルに近いところまで先に到達できる安心感がある。入試ではⅡ・Bを必要としない大学もあるので、Ⅰ・AもⅡ・Bも"ドングリの背比べ"状態で終わるよりはるかにマシだ。

【著者紹介】
和田秀樹（わだ・ひでき）
1960年大阪生まれ。
灘中に入るが高1まで劣等生。
高2で要領受験術にめざめ、東大理Ⅲに現役合格。
自らの経験をもとに志望校別・通信指導「緑鐵受験指導ゼミナール」、
予備校の顧問などで受験指導に携わる。
著書：『新受験技法　東大合格の極意』（新評論）
　　　『新・受験勉強入門・勉強法マニュアル』（ブックマン社）
　　　『新・受験勉強入門・合格ガイダンス』（ブックマン社）
　　　『和田式受験英語攻略法』（学研）
　　　『和田式・高2からの受験術』（学研）
　　　『伸びる！　英語の勉強法』（瀬谷出版）
　　　『改訂版　中学生の正しい勉強法』（瀬谷出版）
　　　など多数。

改訂版「絶対基礎力」をつける勉強法

2013年6月27日　初版第1刷発行
2021年6月30日　初版第3刷発行

著　者──和田秀樹
装　丁──諸星真名美
本文デザイン──磯崎守孝
発行者──瀬谷直子
発行所──瀬谷出版株式会社
　　　　〒102-0083　東京都千代田区麹町5-4
　　　　　　　　　電話 03-5211-5775　FAX 03-5211-5322
印刷所──株式会社フォレスト

乱丁・落丁本はお取替えします。許可なく複製・転載すること、部分的にもコピーすることを禁じます。
Printed in JAPAN © Hideki Wada